Walter Leonhardt

Terrorismus

Alles was man wissen muss

In Akira Kurosawas Filmklassiker „Die Sieben Samurai" heißt es:

„Die Bauern sind sehr kindisch. Sie machen sich ewig Sorgen über dies und das. Einmal klagen sie über Trockenheit, dann über zu viel Regen. Sie fürchten Hagel und Frost. Sie leben ständig in Angst. Immer gehen sie mit Sorgen schlafen und stehen mit Sorgen auf.

Heute war es auch nicht anders. Sie haben Angst vor euch gehabt. Das ist alles!"

Der Samurai antwortet darauf: *„Ich verstehe das nicht!"*

Mit Terrorismus verhält es sich genauso: Die Menschen sind sehr kindisch, machen sich ewig Sorgen und leben ständig in Angst. Immer gehen sie mit Sorgen schlafen und stehen mit Sorgen auf.

Damit Du in Zukunft weniger Bauer und mehr Samurai bist, wurde dieses Buch über Terrorismus geschrieben. Es enthält alles, was Du wissen musst, damit Deine Angst durch Wissen und Verstehen ersetzt wird.

Sofern Du das aber willst, so lasse Dir gesagt sein, dass Du dieses Buch nicht herunterkonsumieren darfst, sondern mit mir zusammen mitdenken musst. Das ist der Preis, den Du zu zahlen hast, um zukünftig von unnötigen Ängsten befreit zu sein!

Bibliografische Information der Deutschen Nationalbibliothek:
Die Deutsche Nationalbibliothek verzeichnet diese Publikation in der
Deutschen Nationalbibliografie; detaillierte bibliografische Daten
sind im Internet über www.dnb.de abrufbar.

Herstellung und Verlag: BoD – Books on Demand, Norderstedt

ISBN: 978-3-8391-2889-3

Inhalt

Ich widme dieses Buch den Frauen, die ich liebte,

denjenigen, die ich liebe

sowie jenen, die ich zukünftig lieben werde.

Dieses Buch enthält alles, was Du als interessierter Bürger über Terrorismus wissen musst. Ich behaupte, dass es nach wissenschaftlichen Standards, trotzdem aber nicht langweilig geschrieben ist.

Dadurch, dass ich zitiere, kannst Du als Leser jederzeit überblicken, woher meine Informationen stammen und nachvollziehen, ob meine Quellen zuverlässig sind. Außerdem kannst Du so leichter beurteilen, ob das, was ich sage, richtig oder falsch ist. Ich kann Dir diesbezüglich nur versichern, dass ich mir größte Mühe in Bezug auf Richtigkeit aller Informationen gab!

Dieses Buch soll Dir helfen, die Grundlagen und Prinzipien des „Terrorismus" besser zu verstehen. Hierbei folge ich wie bei allem einer wissenschaftlichen Methode, die sich Ockhams Rasiermesser nennt. Diese besagt, dass man bei mehreren zur Verfügung stehenden Erklärungen für ein und denselben Sachverhalt immer die einfachste und damit die dem normalen Leben am ehesten entsprechende Antwort allen anderen vorzieht, da der direkte Weg im Normalfall der richtige Weg hin zur Wahrheit ist. Denn wirkliches Wissen ist wie klares Wasser: Es fließt durch kleinste Ritzen und sucht keine Umwege, wenn es den Ozean auf direktem Weg erreichen kann.

Laut Aussage des japanischen Strategen Yagyū Munenori erwächst durch Unwissenheit die Unsicherheit, welche Zweifel verursacht. Und der Zweifel ist es, der der Angst die Nahrung gibt. Nur wenn Du daher die Grundprinzipien des Terrorismus verstanden hast, kann Dein Bewusstsein frei von unnötigen Ängsten sein. Sofern Du also das Wissen der folgenden Seiten zu verstehen versuchst und in groben Zügen im Kopf behältst, kannst Du endlich damit aufhören, Energie mit unnötigem Nachrichtenkonsum aus den Medien zu verschwenden. Denn Du wirst besser als die meisten Journalisten und Politiker das Wesen des Terrorismus begriffen haben. Bedenke einfach, wie unlaublich kostbar jede Minute Deines Lebens ist. Also verschwende sie nicht!

Über den Autor

Walter Leonhardt ist Strategie-Berater und Sicherheitsanalyst. Von Terrorismus versteht er nichts, findet ihn aber trotzdem ganz gut.

In allen Bereichen des Lebens erwächst aus dem
Unwissen Unsicherheit. Alles, was Zweifel verursacht,
beansprucht das Bewusstsein. Wenn das Grundprinzip
geklärt ist, wird das Bewusstsein frei. Und mit freiem
Bewusstsein werden alle Aufgaben leicht.

Yagyū Munenori

Haste nicht ohne Sinn und Zweck herum, bevor Du Dir Deiner
Lage voll bewusst bist. Sinnlose Tätigkeiten begünstigen das
Gefühl der Hoffnungslosigkeit, das zu Panik führen kann.

John Boswell

1. Was ist Terrorismus?

Egal ob Frankreichs Revolutionäre 1789, die texanischen Aufständischen 1836, die jüdischen Palästina-Insurgenten der 1940er Jahre, ebenso aber Mahatma Gandhi und Nelson Mandela – sie alle wurden von den von ihnen bekämpften Machthabern als Terroristen bezeichnet. Bezüglich letzterem schrieb auch Dick Polman, dass wenn Mandela ein Terrorist gewesen sei, dieselbe Aussage für George Washington und alle anderen Gründerväter der Vereinigten Staaten von Amerika gilt (vgl. Polman 2013).

Daher kann man sagen, dass der Begriff „Terrorismus" eine negative moralische Wertung für eine Tat darstellt, die vor allem von Vertretern rücksichtsloser Realpolitik für Akte wieder ihrer bestehenden Ordnung verwendet wird (vgl. Chaliand/Blin 2007a: 212). Terroristen selber würden sich niemals als „Terroristen", sondern als Rebellen, Widerstands- oder „Freiheitskämpfer bezeichnen (vgl. ebd.).

So gesehen kann man sagen, dass legitime Staatsgewalt zum Terrorismus rein logisch betrachtet in einem ähnlichen Verhältnis wie die Werbung zur Propaganda steht: Das, was Du selbst oder Teile Deiner Gruppe machen, kann niemals Propaganda / Terrorismus sein, da eigenes Handeln immer als prinzipiell legitim wahrgenommen wird. Daher kritisiert man am eigenen Werbe- / kriegerischem Verhalten die Ausschweifungen im Sinne von Exzessen, da diese Ausnahme des eigenen an sich richtigen Verhaltens ist. Da man aber sicher selber legitimiert und damit als gut ansieht, unterstellt man dem anderen automatisch, dass dieser nicht legitimiert und damit von schlechter Gesinnung ist. Daher muss folglich bei diesem der Exzess die Regel, Vernunft und Ordnung dagegen die Ausnahme[1] sein (vgl. Asad 2007: 15f.; vgl. hierzu Bernays 22f.).

Der Begriff „Terrorismus" ist aus dem lateinischen von „terrere" abgeleitet und bedeutet „zittern lassen" (vgl. Chaliand/Blin 2007b: vii). In diesem Sinne stellt Terrorismus also eine Waffe psychologischer Kriegsführung dar, die den Zweck verfolgt, entweder die eigene Bevölkerung oder eine Fremdbevölkerung in Angst und Schrecken zu versetzen, um Widerstand zu brechen (vgl. ebd.).

Spätestens seit Albert Wohlstetters 1958 veröffentlichtem „balance of terror"-Strategiepapier gilt Terrorismus als anerkanntes modernes Machtmittel (vgl. Chaliand/Blin 2007a: 209). Dieser sprach als erster von Variationen indirekter Konflikte, zu denen Guerrilla-Krieg und Terrorismus hinzu gezählt werden (vgl. ebd.). In diesem Sinne schrieb auch der Schweizer Armeemajor Hans von Dach, dass diese fortdauernde Form von Kleinkrieg *„eine der schärfsten und abschreckendsten Waffen des Kleinstaates"* ist und es falsch wäre, auf *„diese im grossen Rahmen*

---

1 Edward Bernays schrieb in diesem Sinne auch bezüglich der Propaganda, dass *„ a group of citizens writes and talks in favor of a certain course of action in some debatable question, believing that it is promoting the best interest of the community. Propaganda? Not a bit of it. Just a plain forceful statement of truth. But let another group of citizens express opposing views, and they are promptly labeled with the sinister name of propaganda"* (vgl. Bernays 1928: 22f.). Beachte hierzu bitte **Abschnitt 15**!

gesehen so starke Kräfte bindende Waffe aus Scheu, falschem Ehrbegriff oder überholten Vorstellungen zu verzichten" (vgl. Dach 1985: 10). Das, was wir heutzutage unter „Terrorismus" verstehen, kann daher als **„Waffe der Schwachen gegenüber den Starken"** bezeichnet werden[2], wobei die Frage, ob Terroristen „Helden oder Feiglinge" sind, erstens eine Frage der Perspektive, zweitens von Interpunktion[3] ist. Drittens hängt diese davon ab, ob Terroristen sich letzten Endes durchsetzen oder nicht. Denn **Sieger schreiben Geschichte**.

2. Ist religiöser Terrorismus ein neuzeitliches Phänomen?

Religiöser Terrorismus ist ebenso neu wie Religionen neu sind. In dem Augenblick als Menschen begannen, an unterschiedliche Dinge zu glauben, begannen sie auch damit, Andersgläubige deswegen auf den Kopf zu schlagen. Nicht ohne Grund lautet das erste Gebot der Bibel „Ich bin der Herr, Dein Gott. Du sollst keine anderen Götter neben mir haben."

Und ebenso wie bei einem Regierungswechsel oftmals aus Helden der Vergangenheit die Schurken der Gegenwart wurden, so wurden auch die

---

2   Vgl. Chaliand/Blin 2007b: viii

3   Paul von Watzlawicks 3. Axiom menschlicher Kommunikation kommt hierbei ins Spiel (vgl. Leonhardt 2016b: 3; siehe auch **Abschnitt 15** in diesem Buch).

Götter der Vergangenheit zu den Teufeln der Gegenwart erklärt[4], wenn man bedenkt, dass Satans viele Namen alles Götternamen von durch das Juden- oder Christentum unterworfener Kulturen sind (vgl. La Vey 1999: 40-47). Daher ist auch „heiliger Terror" im Namen der Religion ein geschichtlich immer wiederkehrendes Phänomen, das sich von den jüdischen Zeloten über persische Assassinen und böhmische Taboriten bis zum heutigen Islamistischen Terror nachzeichnen lässt (vgl. Chaliand/Blin 2007c: 2f.). Die Kreuzzüge erwähne ich erst gar nicht...

3. Ist religiöser Terrorismus als typisch islamisch zu bezeichnen?

Hierzu stelle ich die Gegenfrage: Was sagt Dein gesunder Menschenverstand dazu?

4. Wie der aktuelle Siegeszug von Selbstmordattentaten in der Neuzeit begonnen hat: Der Protestsuizid

Die Amerikaner sagen *„Mit Terroristen verhandeln wir nicht"*. Der Sinn dahinter ist Folgeattentate ähnlichen Musters zu verhindern. 1963 galt diese Devise anscheinend noch nicht, denn ansonsten hätten Selbstmordanschläge nicht ihren Siegeszug um die Welt gehalten. Denn bis

---

4   Vgl. La Vey 1999: 39.

dahin waren deren Vorläufer – sogenannte „Protestsuizide" - ein vereinzelt auftretendes lokales Phänomen, das vor allem in Südostasien beobachtet werden konnte.

1963 inszenierte der vietnamesische Buddhistenmönch Thich Quang Duc seine Selbstverbrennung medial, um damit gegen die von den USA unterstützte südvietnamesische Regierung zu protestieren (vgl. Graitl 2011: 40). Associated Press-Fotograf Malcolm Browne schoss davon ein Foto, das wie ein Lauffeuer um den Globus ging und weltweit Proteste gegen die USA und Südvietnam auslöste. Präsident Kennedy wollte, dass die Bilder des brennenden Mönchs unter allen Umständen aufhören und entsagte der mit Amerika verbündeten südvietnamesischen Regierung jegliche Unterstützung, woraufhin das Diem-Regime geschlossen zurücktreten musste (vgl. ebd. 41).

Durch Präsident Kennedys menschlich verständliches, doch politisch falsches Entscheiden sahen Nachahmer weltweit, dass sich Protestsuizide lohnen können, wodurch die Büchse der Pandora geöffnet wurde und seitdem nicht mehr geschlossen ist.

5. Die Arten von Selbstmord

Die Wissenschaft unterscheidet in zwei Arten von Selbstmord, den egoistischen und den altruistischen Selbstmord. **Egoistischer Selbstmord** entsteht aufgrund innerer Konflikte und Probleme, die in Hoffnungslosigkeit münden, sodass man seinem Leben kurzerhand ein Ende macht. Es stellt eine Art von verspätetem Hilfeschrei dar, der ausdrücken soll, dass der Selbstmörder Probleme hatte, zu deren Lösung er sich nicht mehr imstande sah (vgl. Graitl 2011: 27f.). **Altruistischer Selbstmord** dagegen verfolgt einen höheren Zweck. AltruistischeTäter schreien zwar ebenfalls um Hilfe, aus ihrer Sicht aber nicht aufgrund eigener sondern gesellschaftlicher Probleme, auf die sie durch ihre Tat aufmerksam machen wollen. Diese Selbstmordattentäter (mehr aber noch die sie führenden Hintermänner) sehen sich selbst als von einer schweigenden Mehrheit delegiert, Rächer ihrer unterdrückten Volksgruppe zu sein (vgl. Graitl 2011: 140f.).

Daneben gibt es noch eine **Mischgruppe**, also Selbstmordattentäter, für die das altruistische nur als Deckmantel für persönliche Gründe dient (vgl. Graitl 2011: 111). Diese sind besonders perfide, da egoistischer Selbstmord in vielen Kulturen – darunter auch unserer christlichen – als Kainsmal und Schande gilt, während altruistisch „sich aufopfern" nicht nur gesellschaftlich anerkannt sondern heldenhaft mystifiziert wird (vgl. ebd. 29f.). Der „gescheiterte David gegen Goliath" (Mohammeds Enkel al-Husseins Tod in der sinnlosen Schlacht von Kerbela im Jahre 680 nach Christus)[5] und der „gescheiterte David gegen Goliad" (Davy Crocketts und William Travis Tod in der sinnlosen Schlacht von Alamo 1836)[6] gelten als Beispiel dafür.

---

5 Vgl. hierzu Leonhardt 2016a
6 Vgl. Matyszcyk 2007: 22-23; siehe auch Connelly 1960: 368-376.

Die altruistisch suizidale Motivationsforschung stützt sich stark auf Emile Durkheims These des altruistischen Selbstmord. Durkheim definiert diesen Selbstmordtypus als **„Suizid für ein höheres politisches oder religiöses Ziel"** und erklärt dieses Verhalten mit einer *„charakteristisch für primitive Völker typischen [...] archaischen Kollektivpersönlichkeit"* (vgl. Graitl 2011: 16). Demnach sollte aber mit steigender Individualisierung und technischem Fortschritt auch das zugrunde liegende Phänomen der Kollektivpersönlichkeit zurückgehen. Dass aber genau das nicht eingetreten ist, wird mit dem Aufkommen der Massenmedien erklärt (vgl. ebd. 40f.; siehe auch ebd. 80f.). Diese lassen die große Welt zu einem medialen Dorf werden, weshalb der Sinnzweck altruistischen Suizidbombings auf kollektiver Ebene als **modernes Kommunikationsmittel** zu bezeichnen ist, um durch Selbstopferung den Wahrheitsgehalt der vom Suizidisten vertretenen ethnischen, sozialen, nationalen oder religiösen Weltanschauung zu bekräftigen.

6. Selbstmordattentate

In Wolfgang Petersens Hollywood-Blockbuster **„In the Line of Fire"** sagt der von John Malkovich gespielte Attentäter zu seinem durch Clint Eastwood verkörperten Konterpart in Bezug auf einen geplanten Anschlag: *„I have a rendezvous with death, and so does the President. [...] I am willing to trade my life for his. I am **smart**, and I am **willing**, and* *that is all it takes"* (vgl. Petersen 1993).

In diesem Sinne schrieb auch der dieses Phänomen untersuchende Mediziner Carl August Diez, dass

> *"Sich in die Luft sprengen [...] eine grossartige und heroische Todesart [ist], welche nur bei einer seltenen Vereinigung verschiedener Umstände möglich wird, und bei welcher der Selbstmörder fast immer auch noch eine große Anzahl anderer Individuen mit in den Tod stürzt. [...] Es sind gewöhnlich Parthey [sic!] – und eigentliche politische Kämpfe, in welchen wir solche Aufopferungen finden; und wir können einem solchen Tode gewöhnlich selbst in jenen Fällen unsere Bewunderung nicht versagen, wo wir auch die Sache selbst nicht billigen, um derentwillen er erlitten worden ist"* (Diez 1838: 412 f.).

Die Psychologen Efraim Benmelech und Claude Berrebi untersuchten – Diez' und Petersens Gedanken folgend - die Frage nach der Effizienz von Suizidattentaten. Dabei stellten sie für den Zeitraum September 2000 bis August 2005 fest, dass **151** palästinensische Selbstmordanschläge auf israelische Ziele durchgeführt wurden. Hierbei wurden **515** Israelis getötet. Tatsächlich fanden in diesem Zeitraum aber insgesamt mehr als **25.000** palästinensische Attacken auf Israel statt, wobei insgesamt mehr als **1.000** Israelis getötet wurden. Das bedeutet, dass 0,6 Prozent der Gesamtattentate für mehr als 50 Prozent der Todesopfer verantwortlich waren (vgl. Benmelech/Berrebi 2007: 225f.). Ist also jemand bereit, sein eigenes Leben als Waffe einzusetzen, muss das als ernsthafte Bedrohung angesehen werden, allerdings nur dann, wenn der Suizidbomber auch die zweite im Film genannte Bedingung, die

Smartness, besitzt. Benmelech und Berrebi stellten diesbezüglich fest, dass von den von ihnen untersuchten palästinensischen Suizidbombern 18 Prozent einen höheren Bildungsabschluss besitzen, während der palästinensische Bevölkerungsanteil in Bezug auf höhere Bildungsabschlüsse gerade mal bei 8 Prozent liegt (vgl. ebd. 228f.).

Peter Bergen und Swati Pandey untersuchten in einer Studie den Zusammenhang von Bildungsstatus und Bombereffizienz von Terroristen. Dafür betrachteten sie den Bildungshintergrund der 75 Terroristen, die für die effektivsten Angriffe gegen westliche Ziele zwischen 1993 und 2002 verantwortlich waren. Dazu zählten die World Trade Center-Anschläge von 1993 und 2001, die Angriffe auf die amerikanischen Botschaften in Tansania und Kenia im Jahr 1998 und die Bombenanschläge von Bali von 2002. Dabei stellten sie fest, dass 53 Prozent der Beteiligten Hochschulen besuchten bzw. bereits Hochschulabschlüsse besaßen (vgl. Bergen/Pandey 2004). Auch Efraim Benmelech und Claude Berrebi wiesen für die 9-11 Attentäter einen Akademikeranteil von 66 Prozent nach (vgl. Benmelech/Berrebi 2007: 224). Weiter weisen letztere in ihrer empirischen Studie den Zusammenhang zwischen Alter, Bildung und Suizidbomberproduktivität nach und konnten desweiteren beweisen, dass besser ausgebildete Terroristen nicht nur mehr Tote und Verletzte „produzieren" sondern auch seltener im Vorfeld entdeckt und an der Anschlagsausführung gehindert werden. So gesehen sind gebildete Terroristen ökonomisch gesehen produktiver als Ungebildete (ebd. 234-236).

Beide Studien kamen zur Erkenntnis, dass Terrororganisationen diese Tatsachen bekannt sind und diese deshalb bei Angriffen auf strategisch wichtige Ziele keine dummen Dorfdeppen sondern meistens an westlichen Universitäten ausgebildete Attentäter einsetzen.

7. Sind Selbstmordbombenattentate ein typisch islamisches Phänomen?

Wenn man bedenkt, dass tamilische Separatisten keine Muslimen sind und im Zeitraum zwischen 1987 und 2001 im Kampf gegen die Regierungen von Sri Lanka und Indien 76 Selbstmordbombenanschläge durchführten, bei denen 901 Menschen[7] ums Leben kamen, kann diese Frage eindeutig eindeutig mit „Nein" beantwortet werden (vgl. Benmelech/Berrebi 2007: 223). Vor allem wenn man hierbei bedenkt, dass die ersten Suizidbombenattentate innerhalb der islamischen Welt 1983 von der Hizbollah in Libanon verübt wurden und diese Terrogruppe damals noch nicht religiös, sondern marxistisch-leninistisch motiviert war (vgl. Chaliand/Blin 2007d: 222f.).

Die Marxisten-Leninisten sind hierbei von doppelter Bedeutung: Nachdem zuvor mehrere Pistolenattentate auf den russischen Zar Alexander II durch die anarchistisch-sozialistische Terrorgruppe NarodnayaVolya

---

7 Darunter 1991 Indiens früherer Premierminister Rajiv Gandhi und 1993 Sri Lankas Präsident Ranasinghe Premadasa (vgl. Benmelech/Berrebi 2007: 223).

(„Volkswille") gescheitert waren[8], führte deren Mitglied Ignaty Grinevitzky am 13. März 1881[9] das erste geschichtlich nachgewiesene politisch motivierte Selbstmordbombenattentat aus und sprengte sich zusammen mit dem Zaren in die Luft (vgl. Graitl 2011: 81f.). Die sozialistische Kampfzeitung *Die Freiheit* schrieb hierzu:

> *„Heute wurde die Bedeutung von Sprengstoffen als Revolutionswaffe zur Herstellung von Sozialer Gerechtigkeit offensichtlich. Jeder kann sehen, dass dieses Material der entscheidende Faktor der nächsten Periode der Weltgeschichte wird. Es macht daher für die Revolutionäre aller Länder Sinn, sich Sprengstoffe zu besorgen und den Umgang damit zu erlernen, um diesen im Kampf einzusetzen"* (vgl. Chaliand/Blin 2007e: 181; eigene Übersetzung).

Auch die Adaption der Selbstmordbombe als Terrorinstrument der Neuzeit ist nachweislich einem Marxisten-Leninisten zu verdanken, wie der folgende Abschnitt beweisen wird.

---

8   Vgl. Ternon 2007: 138-148
9   Yves Ternon gibt zwar davon abweichend den 1. März 1881 an, allerdings dürfte hier nur ein Tippfehler vorliegen (vgl. Ternon 2007: 149).

8. Das sunnitische Selbstmordbomber-Paradoxon

Es ist allgemein hinlänglich bekannt, was der Dschihad ist. Dschihad ist die Verteidigung islamischer Werte, die sogenannte „Anstrengung"[10] im Islam. Hierbei gibt es fünf[11] unterschiedliche Ausprägungen, die zu zwei Kategorien zusammengefasst werden können: Der **kleine Dschihad** als „Anstrengung gegen die Schwachen" im Sinne von Ungläubigen, und der **große Dschihad**, der die Anstrengung gegen die Schwäche der eigenen Ungläubigkeit ist. Was die Allgemeinheit speziell mit dem Begriff des „Dschihad" verbindet, ist der „Heilige Krieg[12]". Dieser - **„jihad by the sword"** genannt -, ist ausschließlich zu Verteidigungszwecken erlaubt (vgl. Al-Azhari 2007: 6f). Will man diesen zum Angriff nutzen, muss man sich hierfür mithilfe von Paul Watzlawicks Interpunktionsverschiebungstrick[13] ebenso verbiegen wie das Christentum oder sonstige Befürworter der Idee vom „Gerechten Krieg". Philippe Migaux schreibt in diesem Sinne auch, dass der Begriff „jihad by the sword" von

---

10 Der Begriff „Dschihad" stammt vom arabischen trilateralen Verb „ja-ha-da" ab. Dieses bedeutet „danach streben, sich nach allen Kräften zu bemühen" (vgl. Al-Azhari 2008: 4).

11 Diese sind „Dschihad gegen sich selbst", „Dschihad mit Wissen", „Dschihad mit Reichtum", „Dschihad mit Schwert", „Dschihad durch Rechtschaffenheit" (vgl. Al-Azhari 2008: 5-7).

12 Wobei der Begriff „heiliger Krieg" christlichem und nicht islamisches Denkverständnis entspricht. Es gibt und gab nämlich im Islam - im Gegensatz zum päpstlichen Christentum – keine uneingeschränkt anerkannte, zentrale Instanz, die Kriege allgemeinverbindlich für „heilig" hätte erklären können (vgl. Asad 2007: 11).

13 Siehe hierzu **Abschnitt 15** dieses Buches.

radikalen Islamisten in vereinfachter Weise als medizinische Maßnahme für das von ihnen entworfene gesellschaftliche Krankheitsbild verwendet wird, wodurch diese die im Koran stehende Allegorie[14] eines „Paradies unter dem Schatten von Schwerter" missbrauchen (vgl. Migaux 2007: 257).

Im allgemeinen macht man sich allerdings kaum darüber Gedanken, warum der im „jihad by the sword" Gestorbene („Märtyrer") ins Paradies kommt, wo er von Gott für seine Taten durch zigdutzend Jungfrauen belohnt werden wird.

In Bezug auf konventionelle Kriegsführung ist die Sache klar – Mohammed motivierte dadurch seine Männer im Kampf gegen die Ungläubigen von Mekka (vgl. Watt 1956). Allerdings fragt sich anscheinend niemand, ob und wie Selbstmordattentate dadurch legitimiert sind.

Doch gerade das ist meiner Meinung nach angesichts der aktuellen politischen Lage die entscheidende Frage, da sie ein Selbstmordattentats-Paradoxon offenbart, das sowohl aus Islam- als auch Terrorismusexpertensicht ziemlich idiotisch ist. **Denn die einzig mögliche islamische Legimitationsquelle für die hauptsächlich aus Sunniten[15] bestehen-**

---

14 Eine Allegorie ist eine über ein Einzelwort hinausgehend Metapher, die auch in Form von Personifikation oder Bildnissen auftritt. „Uncle Sam" beispielsweise ist eine Allegorie für die USA. Das Bildnis von Jusitita, die mit verbundenen Augen und einer Waage da steht, ist eine Allegorie für nur gegenüber der Wahrheit verpflichteten Gerechtigkeit. Der Begriff „Dschihad" selbst ist ebenfalls eine Allegorie.

15 Sowohl die ISIS- als auch al-Qaeida-Ableger gehören der sunnitischen Glaubensrichtung des Islams an (vgl. hierzu Migaux 2007: 255f.).

den Selbstmordbomberbrigaden kann nur die Schlacht von Kerbela und damit die Geschichte des Schiitenführers al-Hussein sein. Und sunnitische Islamisten hassen nicht nur ihre schiitischen Glaubensgenossen, sie sprechen diesen prinzipiell das Recht ab, überhaupt ein Muslim zu sein. Dabei geht der Vorwurf noch weiter: Sunnitische Islamisten betrachten Schiiten als vom Glauben abgefallene Muslime, die damit der Apostasie („ridda" bzw. „irtitad" genannt) schuldig sind[16]. Sofern man dagegen Christentum oder Judentum angehört, ist das wiederum akzeptabel, da aus islamischer Sicht dem Kreise der „Kinder des Buches" zuzurechnen ist (vgl. Migaux 2007: 263).

Wer war aber besagter **al-Hussein** und wie konnte dieser zur Legimitationsquelle für die sunnitische Selbstmordbomberei werden?

Al-Hussein

Der Prophet Mohammed hatte zu seinen Lebzeiten keinen Nachfolger

---

16 Rauf Ceylan und Michael Kiefer schreiben hierzu, dass der Islam zwar die positive Glaubensfreiheit zum Glaubenseintritt weitgehend garantiert, *„ die negative Glaubensfreiheit - d.h. das Recht, die Glaubensgemeinschaft zu verlassen - jedoch nicht. Apostasie wurde in vielen Reichen als Hochverrat betrachtet. Mit dieser Praxis hatte man eigentlich gegen das koranische Prinzip La iqraha fiddin verstoßen: „Es gibt keinen Zwang im Glauben" (Koran, 2/256). Gegenwärtige fundementalistische Gruppierungen vertreten nach wie vor den Vorwurf des Hochverrats beimAustritt aus dem Glauben und betrachten die Verhängung der Todesstrafe dafür als eine legitime Sanktion"* (vgl. Ceylan/Kiefer 2007: 28f).

bestimmt, sodass nach seinem überraschenden Tod am 8 Juni 632 nach Christus heftiger Streit darüber entbrannte, wer diesen beerben darf. Hierbei ergab sich die erste Spaltung der islamischen Welt in Sunniten und Schiiten (vgl. Schirrmacher 2009: 1).

Die Anhänger von Mohammeds Neffen und Schwiegersohn Ali verlangten, dass der neue Herrscher aus der Familie des Propheten („ahl-al-bayt") abstammen müsse, während die Sunniten auf die Wahl des neuen Anführers durch einen Rat („shura") bestanden. Der neue Führer müsse von Mohammeds Geist (fähig und weise), nicht aber von Mohammeds Blut abstammend sein. Stattdessen genüge, wenn er einfach nur Mohammeds Stamm, den Quraish, zugehörig ist (vgl. Schirrmacher 2009: 1).

Die Schiiten behaupten dagegen, dass Mohammed kurz vor seinem Tod noch schriftlich festgehalten hätte, dass nur seine direkten Nachkommen als Führer bestimmt sind, und warfen den sunnitischen Gelehrten vor, diesem Passus aus Mohammeds Nachlass heimlich entfernt zu haben (vgl. Schirrmacher 2009: 1).

Die Sunniten waren zahlenmäßig in der Mehrheit. Erschwerend für die schiitische Fraktion kam hinzu, dass die aus ihrer Perspektive einzig rechtmäßigen direkten Erben Mohammeds – seine Enkel al-Hasan und al-Hussein – damals noch kleine Kinder waren. Die Alternative hierzu stellte Mohammeds Neffe Ali dar, der sich aber anfangs nicht durchsetzen konnte und erst im Jahr 656 nach Christus als vierter Nachfolger von Mohammed das Amt des Kalifen übernahm.

Nachdem Ali 661 nach Christus ermordet wurde, entbrannte erneut der Streit um das Kalifatsamt und mündete in einen innerislamischen Bürgerkrieg. Während Mohammeds Enkel al-Hasan freiwillig auf seinen Anspruch verzichtete[17], starb sein Bruder al-Hussein 680 nach Christus in der Schlacht von Kerbela. In dieser Schlacht soll al-Hussein mit 16 Familienangehörigen und 72 weiteren Getreuen gegen eine mehrere tausend Mann starke sunnitische Armee angetreten sein und wurde wie erwartet vernichtend geschlagen (vgl. Al-Azhari 2008: 12-14; vgl. hierzu Na'imi/Al-Azhari o.J. 13f.).

Die Schlacht von Kerbela stellt daher auch die islamische[18] Version des biblischen Mythos vom Kampf „David gegen Goliath" dar, wobei David in diesem Fall nur nachträglich erfolgreich war (vgl. Al-Azhari 2008; 19f.). Dadurch ging Al-Hussein als **der Märtyrer schlechthin** in die islamische Geschichte ein (vgl. Al-Azhari 2008: 18; siehe auch Na'imi/Al-Azhari o.J. 14f.).

Wirklich waffenfähig wurde Al-Husseins Märtyrertum allerdings im 20. Jahrhundert von einem iranischen Kommunisten gemacht...

---

17 Vgl. Schirrmacher 2009: 2

18 Auch die Amerikaner haben in ihrer Geschichte solch eine Art von Heldenspektakel ähnlich glorifiziert, nämlich die verlorene Schlacht von Alamo 1836 (vgl. Matyszcyk 2007).

Ali Shariati

Ali Shariati war ein schiitischer Revolutionär, der 1933 im Iran geboren wurde und 1977 in England starb (vgl. Migaux 2007: 279). Er war ein von marxistisch-leninistischem Gedankengut beeinflusster Religionssoziologe und Mitglied der „Bewegung der Gott ergebenen Sozialisten", einer Gruppierung, die die Behauptung aufstellte, dass es nicht Karl Marx, sondern der Prophet Mohammed selbst gewesen sei, der den Sozialismus erfunden hätte (vgl. ebd.).

Schariati sprach mit seiner sozio-islamischen Lehre junge intellektuelle Schiiten an und gründete eine Art revolutionärer Volkskirche, in der Prediger nicht als Obere von der Kanzel herab, sondern als Gleiche zu Gleichen den Gläubigen zu predigen hätten (vgl. Migaux 2007: 279). Für ihn war die Revolution gegen das korrumpierte Establishment – egal ob innerhalb des geistlichen Klerus oder der weltlichen Politik – der Feind, den es immerzu zu bekämpfen galt[19].

Dabei stellte er das Märtyrertum als die Waffe des geknechteten Davids gegen den übermäch tigen Goliath dar und behauptete, dass es **zwei Wege des Märtyrertums** gibt: Der **erste Weg** sei das Schicksal von Mohammeds Onkel Hamza gewesen. Dieser soll – an Mohammeds Seite -, kämpfend in der Abwehrschlacht um Medina („Battle of Uhud") 625 n.Chr. gestorben sein (vgl. Migaux 2007: 280; vgl. hierzu Watt 1956). *„In Muslim mythology Hamza is still known as the 'Prince of*

---

19 Hierzu verweise ich auf Arno Gruens „Linken Rebellen", wie er im Abschnitt 11.1 beschrieben wird.

Martyrs' ('seyyed al-shahida')" (vgl. Migaux 2007: 280).

Der **zweite Weg** des Märtyrers soll al-Husseins Beispiel aus der Schlacht von Kerbela sein, als dieser sich weigerte, als Besiegter in Schande nach Hause zu gehen und stattdessen die finale Entscheidung suchte, obwohl er wusste, dass er sterben würde (vgl. Migaux 2007: 280).

Philip Migaux schreibt weiter: *"Shari'ati saw such acts as having all the more religious significance because as there is no possibility of victory"* (Migaux 2007: 280). So stellte das Märtyrertum des Hamza den Weg des Mudschahideen als Gottessoldaten dar, während man dem Märtyrertum des al-Hussein folgend sozusagen der Gottesguerrillero ist, der *„comes after jihad, [when] the martyr takes over [because] the mujahid has failed"* (vgl. ebd. 280f.)[20].

Das bedeutet, dass jedes sunnitische Selbstmordattentat im Endeffekt nichts weiter als eine Ehrbezeugung für heilige Schiitenführer darstellt, wodurch jeder dieser sunnitischen Märtyrer eine Lachnummer für sich selbst ist. Denn man kann davon ausgehen: Der Sunnitenbomber kommt aufgrund seiner eigenen Logik in keinen Schiiten-Himmel hinein.

---

20 Hans von Dach verwendet exakt dieselbe Argumentation, wenn er erklärt, warum Terrorismus schweizerische Bürgerpflicht im Falle der sowjetischen Invasion ist (vgl. Dach 1985: 10). Beachte hierzu auch **Abschnitt 15** dieses Buches.

So schreibt auch Philippe Migaux, dass Shariati's Märtyrerkonzept die Inspirationsquelle für die sunnitischen Al-Qaida-Strategen gewesen ist – diese verwiesen bereits 1995 darauf (vgl. Migaux 2007: 281).

9. Warum es nach einem Anschlag sofort weitere Anschläge gibt

Laut Loren Coleman ist hierfür der **Copycat-Effekt** verantwortlich: Demnach treten Nachahmetäter vor allem dann verstärkt auf, wenn soeben ein Anschlag erfolgte, der überregional durch die Medien thematisiert wurde, sodass das Thema noch aktuell und die betreffende "Empfängergesellschaft" deshalb für diese Art von "Botschaft" sensibilisiert ist (vgl Coleman 2004).

Nachahmer sind meist spontan und stümperhaft, sie erhöhen aber die gesellschaftliche Angst.

Das Prinzip muss man sich vorstellen, als wenn am Hafen Leute ins Wasser springen: Einer springt ins Wasser, andere springen hinterher, bis irgendwann niemand mehr darauf achtet und keiner mehr springt. Irgendwann ist das ins-Wasser-springen wieder vergessen und das ganze Theater fängt von Neuem an.

10. Warum nach jedem Anschlag aufs Neue von „gemachten Fehler der Behörden und Politik" die Rede ist

Von allen Fragen ist diese die wichtigste, wobei die Antwort darauf auch die denkbar einfachste ist: Es liegt hierbei der sogenannte **Rückschaufehler** vor. Dieses auch „Hindsight-Bias" genannte Phänomen besagt, dass wenn man im Nachhinein weiß, wie sich Dinge entwickelt haben, der Weg zum Ergebnis oftmals prognostizierbar oder gar unvermeidbar erscheint (vgl. Roberto/Grechenig 2011: 5). Die ersten wissenschaftlichen Forschungsarbeiten bezüglich dieses jederzeit und überall zu beobachtenden Phänomens gehen auf den amerikanischen Psychologen Baruch Fischhoff zurück (vgl. ebd. 11f.). Laut diesem handelt es sich beim Rückschaufehler um eine *„systematisch verzerrte Einschätzung der Vorhersagbarkeit eingetretenener Ereignisse"*, oder – deutlicher gesagt: Um eine kognitive Selbsttäuschung! (vgl. ebd. 5).

Der Rückschaufehler wurde inzwischen in beinahe jedem wissenschaftlichen und alltäglichen Lebensbereich empirisch nachgewiesen, ebenso die Tatsache, dass so gut wie jeder - ob Laie oder Experte[21] – Opfer dieser sytematischen Selbsttäuschung ist (vgl. Roberto/Grechenig 2011: 6f., siehe hierzu auch ebd. 11-16).

Das von Baruch Fischhoff untersuchte, dem Terrorismusbekämpfungsproblem am nächsten kommende Beispiel dürfte meines Erachtens die

---

21 Fischhoff sagte bezüglich betroffener Richter lakonisch: *„Judges, it seems, are human"* (vgl. Roberto/Grechenig 2011: 16).

Frage nach der ärztlichen Fähigkeit, einen Tumor rechtzeitig zu erkennen sein. Hierbei wurde der Rückschaufehler *„als visueller Fehler untersucht und als 'saw-it-all-along-effect' beschrieben"* (vgl. Roberto/Grechenig 2011: 15). Hierbei legte man zwei aus Fachärzten bestehenden Versuchsgruppen ein verschwommenes Bild vor, das langsam Stück für Stück schärfer wurde (vgl. ebd.).

> *„Während die eine Gruppe bereits im Voraus wusste, was auf den Bildern zu sehen sein würde, wusste die andere Gruppe dies nicht. Die beiden Versuchsgruppen wurden gebeten, den Zeitpunkt zu nennen, ab wann man das Bild ohne Kenntnis vom Inhalt erkennen konnte. Bei der Gruppe, die bereits im Voraus wusste, was sich auf den Bildern befindet, wurde der Zeitpunkt regelmäßig füher geschätzt"* (ebd.).

Bezüglich des Rückschaufehlers gibt es auch keinen relevanten Sicherheitsbereich, der nicht davon betroffen ist, egal ob es Sicherungsmaßnahmen vermeintlich gefährlicher Personen[22], das Sperren gefährlicher Eisenbahnstrecken[23] oder die Frage nach der Notwendigkeit zur Einstellung weiterer Schutzbeamter betrifft (vgl. Roberto/Grechenig 2011: 12).

Die Antwort auf unsere oben gestellte Frage lautet daher auch, dass im Nachhinein jeder Idiot schlauer als der Fachmann ist und Maßnahmen leichtfertig kritisieren kann. Er kann den roten Faden gemütlich von hinten aufrollen, wodurch sich relativ schnell ein klares Bild ergibt, da man im Gegensatz zu den damaligen Ermittlungsbeamten nur einem

---

22 Vgl. Roberto/Grechenig 2011: 13f.
23 Vgl. Roberto/Grechenig 2011: 14f.

einzigen Ast vom Baum folgen muss, der zusätzlich frei von allen die Sicht störender Blätter ist.

Um das zu veranschaulichen siehe die beiden folgenden Bilder. Die Blätter ließ ich weg, da schon ohne Blätter das Phänomen des Rückschaufehlers deutlich erkennbar ist.

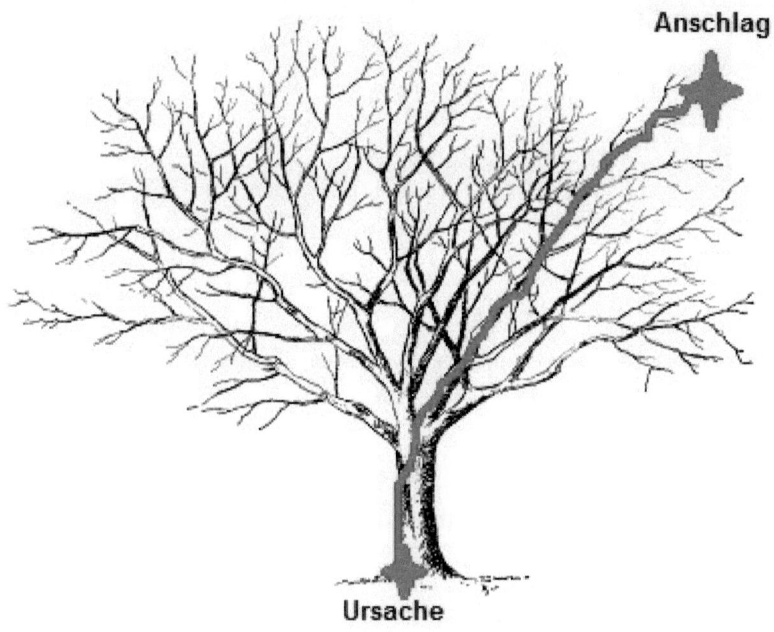

Ursache und Wirkung von Terroranschlägen im Nachhinein

**Ursache von Terroranschlägen aus Ermittlersicht ohne
Wissen von einem bevorstehenden Anschlag betrachtet**

Ein Beispiel liefert hierfür ein Artikel des Nachrichtenkonsum-Magazins „Focus". Darin verfallen die Autoren gleich in doppelter Hinsicht dem Rückschaufehler, wenn sie schreiben, dass sich Anfang September 2015 der an den Pariser Anschlägen vom November 2015 mutmaßlich beteiligte Salah Abdeslam zuerst in Budapest mit vermeintlichen Flüchtlingen getroffen habe ohne verhaftet zu werden, und bei einer Kontrolle wenige Tage später an einer österreichischen Autobahnraststätte erneut der Verhaftung entging, obwohl er sich diesmal sogar in

Begleitung zweier weiterer mutmaßlicher Terroristen befand, die an Paris und Brüssel beteiligt gewesen sein sollen (vgl. Hufelschulte et al. 2016: 27). Die Focus-Redakteure sprechen hierbei von gemachten Fehlern der Behörden, nämlich dass sie Menschen, gegen die bis dahin bezüglich Terrorismus nicht mal der Anfangsverdacht bestand, nicht sofort verhaften konnten, da ihre Geheimdienste keine polizeilichen Befugnisse besitzen (vgl. ebd.).

Dir als mit dem Phänomen des Rückschaufehlers vertrauten Leser stellt sich jetzt wahrscheinlich dieselbe Fragen wie mir: Deuten die Focus-Autoren als Lösung tatsächlich an, dass man Geheimdiensten nicht nur Polizeibefugnisse sondern darüber hinaus aus Präventionsgründen das Recht einräumen sollte, willkürlich Menschen zu verhaften, um sie verhören zu können? Denn nur darauf läuft die Aussage der Focus-Autoren hinaus, sofern man nur bedenkt, dass Bürger in Bezug auf Polizeikontrollen einzig die Pflicht haben, sich auf Verlangen mit einem gültigen Dokument auszuweisen und die im Dokument angegeben Angaben wiederzugeben (vgl. Lenhart 2013: 66). Alles weitere bedarf zumindest eines Anfangsverdachts (vgl. ebd.)

Was der größte „von Behörden und Politik zu machende Fehler" ist

Niccholo Macchiavelli sagte, dass wenn man die Zustimmung des Volkes für eine Entscheidung erhalten will, diese auf den ersten Blick gut oder mutig erscheinen muss, selbst wenn sie auf zweiten Blick schlecht oder feige sind (vgl. Macchiavelli 1996: 202). In diesem Fall passt Macchiavellis Aussage wie die Faust aufs Auge, da nach jedem Terroranschlag die Forderung nach mehr Datensammlung und Überwachungsmaßnahmen durch Behörden lauter wird.

Man kann daher auch sagen, **dass man die Suche nach der Nadel im Heuhaufen dadurch verbessern will, dass man mehr Heu auf den Haufen kippt** (vgl. hierzu Holland 2015). Man erhöht durch solche Maßnahmen nur die Pixeldichte des Bildes, wodurch jedes Bild noch später und schwerer als jetzt schon zu erkennen ist.

Der bereits erwähnte Focus-Artikel kann auch hierfür als Beispiel genommen werden: Zuerst wird beklagt, dass Salah Abdelsalam gerade zwei Wochen vor den Pariser Anschlägen von Interpol als „islamistischer Gefährder" eingestuft wurde[24], und zwei Seiten später lässt man den Chef der Innenministerkonferenz Klaus Bouillon weniger Datenschutz und mehr Überwachungsmaßnahmen als Lösung darauf plädieren (vgl. Thewes 2016: 29).

---

24 Vgl. Hufelschulte et al. 2016: 27

Der Kampf gegen Terrorismus unter Beachtung des Rückschaufehlers mithilfe von Lotto 6 aus 49 erklärt

Stelle Dir vor, dass Du ein Feld Lotto 6 aus 49 gespielt hast und Dein Einsatz 1 Euro war. Nach der Ziehung der Zahlen weißt Du, dass Deine Zahlen falsch waren, Du hast nicht gewonnen, stattdessen einen Euro verloren.

Um mit absoluter Sicherheit einen Dreier im Lotto zu haben, müsste man 49 x 48 x 47 Kombinationen tippen, was bei sechs auszuwählenden Zahlen 18.424 Euro Einsatz entspricht und mindestens 9,80 Euro Return of Investment verspricht.

Menschen, die dem Rückschaufehler unterliegen, verlangen vorab, dass man nicht für einen Euro sondern für 18.424 Euro Einsatz Lotto spielt, da dann ein Treffer sicher ist.

Sofern man dieser Forderung nachgibt, bezeichnen dieselben Menschen einen wiederum als Idiot, weil man 18.424 Euro verschwendete, weil ja ein einziger Euro zum Gewinn der sicheren 9,80 Euro ausgereicht hätte und das ganze im Nachhinein Zeit- und Geldverschwendung ist. Stattdessen hättest Du wissen können, wenn nicht gar wissen müssen, welche Kombination die einzig Richtige ist.

Sofern man daraufhin den Einsatz halbiert und erneut gewinnt, wird das als Bestätigung gesehen, dass der Einsatz weiter sinkt. Sofern man verliert, werden die Rufe laut, warum man auf ein paar Euro mehr oder weniger überhaupt Rücksicht nimmt. Und zu guter letzt gilt zu bedenken, dass der einzig messbare Gewinn im Kampf gegen Terrorismus derjenige ist, dass es keinen Verlust in Form von einem Anschlag gibt...

Ergebnis davon ist, dass Du - egal was Du unternimmst -, dank Rückschaufehler-Effekt am Ende so oder so der Idiot bist! Vor allem, wenn man bislang ausschließlich von einem Dreier im Lotto spricht...

Sofern man den Kampf-gegen-Terror vs. Lotteriegedanken weiterspinnt, kommt man desweiteren zur Erkenntnis, wem oder was Terrorkampf überhaupt einbringt: Einige wenige Bürger gewinnen auf Kosten der leer ausgehenden Masse an Sicherheit, während das Spiel einzig den Sicherheits-Veranstaltern sowie dem indirekt beteiligten Staat sichere Gewinne einbringt. Die mit Anti-Terrorismus-Maßnahmen betrauten Mitarbeiter haben zwar einen sicheren Job, partizipieren ansonsten aber nicht davon.

In Bezug auf Terrorismus, Rückschaufehler und Lotterie ist auch an das Bauernzitat aus Akira Kurosawas Filmklassiker „Die Sieben Samurai" zu denken. Dort heißt es:

> *„Die Bauern sind sehr kindisch. Sie machen sich ewig Sorgen über dies und das. Einmal klagen sie über Trockenheit, dann über zuviel Regen. Sie fürchten Hagel und Frost. Sie leben ständig in Angst. Immer gehen sie mit Sorgen schlafen und stehen mit Sorgen auf. Heute war es auch nicht anders. Sie haben Angst vor euch gehabt. Das ist alles!"*
> (Kurosawa 1954: 50:00 min).

Der Samurai antwortet darauf: *„Ich verstehe das nicht!"* (ebd.).

Und sofern Du das ebenfalls nicht (mehr) verstehst, zeigt das, dass Du auf dem richtigen Weg weg vom kindlichen Bauern hin zum erwachsenen Samurai bist.

11. An wen sich Terroristenbotschaften richten...

Nachdem Du in Abschnitt 5 gesehen hast, dass Terrorismus heutzutage in erster Linie nichts weiter als ein modernes Kommunikationsmittel ist, wollen wir feststellen, was Inhalt dieser Botschaften und wer genau der Empfänger ist.

Die Suizidbotschaft ist in erster Linie an die mediale Öffentlichkeit des Feindes gerichtet und soll Aufmerksamkeit auf den von den Attentätern als Problem wahrgenommenen Sachverhalt richten[25], deren Stärke und Entschlossenheit demonstrieren und den Feind zum Einlenken motivieren, indem er ihn demoralisiert (vgl. Graitl 2011: 309). Um das zu erreichen muss laut Angaben des amerikanischen Justizministeriums kontinuierlich mehr Tod und Zerstörung angerichtet werden, damit ein Klima der Angst mithilfe der Mediensensation aufrechterhalten werden kann (vgl. Department of Justice 2008: 36). Ferner sollen sowohl Handel und Industrie von Feindgesellschaften als auch die tägliche Lebensroutine

---

25 Vgl. Graitl 2011: 36

derer Bürger unterbrochen und dadurch *„an extreme government reprisal"* erzwungen werden (vgl. ebd.). Das wichtigste Ziel von allem dürfte allerdings das Erwecken des Eindrucks vom "Feind innerhalb der Zielgesellschaft" sein, woraus die Terroristen wiederum dank staatlicher und gesellschaftlicher Repressionen neue Terroristen rekrutieren können (vgl. ebd.).

Die Kernaussage all dessen lässt sich am einfachsten mit der der Borg aus dem Star Trek-Universum vergleichen: *„Wir sind die Borg. Widerstand ist zwecklos!"*

Allerdings kann man die Empfängergruppe von Terrorbotschaften weiter eingrenzen, wenn man hierzu Arno Gruens Emotionstheorie aus seinem Buch „Kampf um die Demokratie" mit einbezieht. Es ist nämlich ein ganz bestimmter Typus Mensch, der nach jeder Attacke als erstes aus der Masse der Volksherde nach vorne tritt und lautstark nach Vergeltung ruft…

Arno Gruens Emotionstheorie

Laut dem deutsch-amerikanischen Psychoanalysten Arno Gruen bestehen (liberaldemokratische) Gesellschaften aus drei Menschengruppen, die sich aufgrund individueller frühester Kindheitserfahrung von Elternliebe ergeben: **Rechtskonservative Konformisten**, **Linke Rebellen** und **Emotional Ausgeglichene**.

Um diese Aufteilung intuitiv nachvollziehen zu können, muss man weder Wissenschaftler noch ausgebildeter Psychologe sein. Es genügt dem gesunden Menschenverstand freien Lauf zu lassen.

Stelle Dir vor…

…dass Du Hunger hast und Dich nicht alleine versorgen kannst, weil Du absolut von der Außenwelt abhängig bist. Du hast noch nie zuvor Hunger gehabt und weißt daher nicht, dass Menschen Hunger ertragen und nicht sofort sterben müssen. Du kennst nur zwei Gefühle, das Gefühl grenzenlosen Glücks oder grenzenloser Verzweiflung, wobei das Glück aufgrund der Freude zu überleben und die Verzweiflung aufgrund der Angst vor dem Tode entsteht.

Das ist die Situation, mit der Babies ihre ersten Wochen und Monate nach ihrer Geburt das Leben erleben. Sie kennen nur Lust und Unlust, wobei alles, was aus deren Wahrnehmung ihr Überleben sichert, Lust verursacht (angenehm ist), und alles was aus deren Wahrnehmung heraus ihr Überleben gefährdet, Unlust verursacht (unangenehm ist).

Stelle Dir jetzt weiter vor…

…, dass das Baby Todesverzweiflung dadurch verspürt, weil es nicht ge-füttert oder nicht gewickelt oder einfach nicht liebevoll gedrückt wird und deshalb schreit, aber niemand darauf reagiert. Hört es mit Schreien auf, hat es aufgegeben, denke hierbei einfach an das Opferverhalten de-rer, die von der SS im Zweiten Weltkrieg zu Massenexekutionsplätzen getrieben werden – von denen hat ebenfalls kaum noch einer geschrien oder sich anderweitig gewehrt.

Jetzt stelle Dir vor…

…., dass Du all Deine Hoffnung auf Überleben aus eigener Kraft aufge-geben hast, was machst Du? Wahrscheinlich wirst Du in diesem Augen-blick zu Gott dem Allmächtigen beten und diesen anflehen, sodass er Dich erretten möge. Und plötzlich wirst Du aus heiterem Himmel heraus gerettet, indem Du gefüttert wirst. Wie reagierst Du? Wahrscheinlich dankst Du Gott dem Allmächtigen dafür, dass dieser Dich errettet hat.

Jetzt stelle Dir noch als letztes vor…

…, dass Babies inmitten der Verzweiflung gleich sterben zu müssen, dem göttlichen Wunder in Form ihrer Eltern begegnen, die aus kindli-cher Wahrnehmung heraus quasi vom Himmel herabsteigen und für das Wunder der Rettung sorgen. **Was dürfte die logische Folge sein?**

Laut Arno Gruen sind alle Menschen diesem Erfahrungsprozess mehr oder weniger unterworfen, den Unterschied macht hierbei einfach aus, wie empathisch die eigenen Eltern sind. Bei denen, die entweder nicht empathisch sind oder daran glauben, dass zu viel Aufmerksamkeit und Entgegenkommen in den ersten Tagen, Wochen und Monaten oder (zwei) Jahren schlecht für die spätere Entwicklung sind, legen im Kind dadurch den Keim, dass diese von Anbeginn ihres Lebens in der „Kette des glücklichen Gehorsams" gefangen sind. Arno Gruen selber sagt hierzu, dass dieses Eltern-Kind-Machtverständnis verhindern soll, dass sich der unreife Wille des Kindes durchsetzt. Diese Art der Sozialisation verschleiert aber, dass die Motivation zum Gehorsam gegenüber den Mächtigen tief in der menschlichen Seele verankert wird (vgl. Gruen 2002: 18). Indem man später andere demütigt und unterwirft, gibt man die eigene Erfahrung der Verzweiflung weiter, da man möchte, dass die Opfer sich einem ebenso unterwerfen, wie man sich einst selbst den Eltern unterworfen hat. Daher soll das Opfer ebenso wie man selbst Teil der "Kette glücklicher Sklave des Gehorsams" werden, der von der Kind-Eltern-Beziehung über die Eltern-Führer-Beziehung bis zur Führer-Staat-Beziehung weitergetragen wird (vgl. Gruen 2002: 63f.). Mit dem Begriff des Führers wird hierbei einfach nur eine dritte Person bezeichnet, die eine Stufe höher in der Gesellschaft als man selber steht.

Menschen, die in dieser göttlichen Wunderkette gefangen sind, bezeichnet Arno Gruen als **rechtskonservative Konformisten**. Diese suchen Gleichheit durch Einheit, lieben daher Uniformität. Sie sind obrigkeitshörig und lassen sich von Machtsymbolen blenden, weil ihre Eltern für sie in der Kindheit eben solch ein Machtsymbol waren. Hierbei kommt das kindliche Elterndilemma ins Spiel, dass das Kind eigentlich spürt, dass die Eltern weder allwissend noch allmächtig sein können, das aber zum Schutz seiner Seele ausblenden muss und dieses konditionierte Verhalten zukünftig jedes Mal aufs Neue in Bezug auf höher gestellte Personen entstehen muss, solange diese erstens weiterhin Zeichen von Stärke ausstrahlen und zweitens man selbst in der Gesellschaftskette nicht über sie steigt. Denn ebenso wie man nach oben beten muss, muss man nach unten treten, denn jeder muss Teil der Kette des glücklichen Gehorsams sein. Aufgrund dessen neigen Rechtskonservative auch verstärkt zur Heldenverehrung, denn Helden strahlen reine Stärke (weitgehend) frei von menschlichen Schwächen aus. Daher brauchen Rechtskonservative auch autoritäre Strukturen. Sie wollen ihr Familienbild – ihr Kindheitsbild inklusive der posierten Obhut – wiederherstellen. Die Eltern waren hart, aber sie sorgten gottähnlich für einen, sodass man sich geborgen fühlte, obwohl man nicht frei gewesen ist. Dass die Eltern Stärke nur posierten und oftmals genauso ratlos wie man selber war, ist egal, denn das so tun als ob genügte bereits aus, dass man sich als Kind sicher und nicht bedroht fühlte.

Linke Rebellen dagegen lehnen all das ab. Sie betonen das Anderssein, um nicht angepasst zu erscheinen. Aus diesem Streben nach Unangepasstheit kann aber ebenfalls Gewalttätigkeit entstehen (vgl. Gruen 2002: 77). Henry Miller sagte dazu, dass der Linke Rebell nicht aufhören kann, neuen Grund zum Klagen und damit einen neuen Grund zur Rebellion zu finden. Er nimmt die Freiheitssuche selber zum Maßstab und ignoriert daher auch individuelle Unterschiede. Während der

Rechtskonservative Gleichheit durch Einheit sucht, fordert der Linke Rebell Einheit durch Gleichheit, weshalb er auch aus all jenen, die das nicht wollen, „Genossen" macht (vgl. ebd. 78).

Rechtskonservative machen laut Arno Gruen im harten Kern 12-15 Prozent jeder liberaldemokratischen Bevölkerung aus. Dazu kommen 12-15 Prozent linke Rebellen und knapp 40 Prozent zwischen den Stühlen sitzender Zeitgenossen, die in gesellschaftlich als unruhig wahrgenommenen Zeiten oder Zeiten existenzieller Not zum Rechtskonformismus tendieren, in guten Zeiten aber auf Seiten des Restes, der Emotional Ausgeglichenen stehen. Der Bonner Psychologe Peter Conzen sagt hierzu:

> *"Psychoanalytisch gesprochen, schaltet das Ich in Situationen schwerer Angst, Scham oder Wut auf das niedrigere Funktionsniveau der paranoid-schizoiden Position, spaltet die Welt [mitunter ganz zufällig] willkürlich in gute und böse Kategorien auf. Alles Positive, Wahre, Zuverlässige wird im Selbst bzw. im Binnenraum der eigenen Gemeinschaft beschworen; alles Widersprüchliche, Bedrohliche wird nach außen auf zutiefst böse Mächte projiziert, die für alle Übel verantwortlich gemacht werden"* (Conzen 2007: 106f.).

Emotional Ausgeglichene lassen sich weder durch Krisen noch durch Terrorschläge sonderlich beeindrucken, da ihnen das Auf und Ab des Lebens ebenso wie der „Terrorismus als machtloses Kommunikationsmittel" intuitiv bewusst sind. Die meisten emotional Ausgeglichenen finden sich daher automatisch in der Kategorie der „pazifistischen Gutmenschenschweine" oder „feigen Realitätsverweigerer" wieder. Dieser emotional ausgeglichene Rest stellt laut Arno Gruen den Stützpfeiler jeder demokratischen Gesellschaft dar (vgl. Gruen 2002: 122).

Fazit

Sofern man sich Arno Gruens Emotionstheorie vor Augen hält, können die Empfänger terroristischer Anschläge nur besagte Rechtskonservativen sein. Diese verlangen den starken autoritären Staat zum Schutz, während linke Rebellen starke autoritäre Staaten bekämpfen. Die emotional Ausgeglichenen sehen beider Blödsinn einfach zu und versuchen auf Basis beidseitigen Verstehens friedvoll zu vermitteln.

12. Kann man den Kampf gegen den Terrorismus gewinnen?

Wie der amerikanische Präsident Barrack Obama so gerne sagt: **„Yes, we can!"** Hierbei gibt es zwei mögliche Wege, wie man den Krieg gegen den Terrorismus gewinnen kann. Um die Wege zu verstehen, sollte der Leser zuvor aber verstanden haben, dass „Krieg gegen Terrorismus" ein asymmetrischer Krieg ist. Und um das zu begreifen, muss kurz erklärt werden, was überhaupt ein „asymmetrischer Krieg" ist.

Der asymmetrische Krieg

Asymmetrischer Krieg ist dadurch definiert, dass zwischen zwei Konfliktparteien ein deutliches Ungleichgewicht zwischen vorhandenen Kräften und Mitteln herrscht. Es handelt sich also um keinen Konflikt "Gleicher gegen Gleichen" im Sinne des Schachspiels, wo beide Parteien zu Beginn der Partei dieselbe Anzahl "Spielfiguren" auf dem Brett stehen haben. Stattdessen liegt hierbei ein Konflikt zwischen einer überlegenen und einer unterlegenen Kriegspartei vor, so wie man beispielsweise das japanische Strategiespiel "iGo" spielt.

Neben unterschiedlich starken Mitteln und Kräften herrscht auch ein Ungleichgewicht in Bezug auf Motivation bzw. Entschlossenheit zwischen den beiden Parteien. Diese ist allerdings konträr zu ersterem zu sehen, d.h. dass unterlegene Konfliktparteien meistens entschlossener und risikofreudiger sind. Ebenfalls liegt in der Regel auch eine unterschiedliche Qualität der eingesetzten Mittel vor: Während zum Beispiel NATO-Staaten ein Sammelsurium an High-Tech-Waffen wie Drohnen, Satelliten und bis an die Zähne bewaffnete Spezialeinheiten zur Verfügung haben, setzen deren terroristische Gegner selbstgebastelte Düngerbomben und Kalaschnikow-Gewehre ein. Dabei erzielen Spezialwaffen kaum eine nennenswerte Wirkung, *„denn im Kleinkrieg vermögen Maschinen den Menschen am wenigsten zu ersetzen"* (vgl. Dach 1985: 9).

Hans von Dach schreibt hierzu, dass ein Land erobern nur die erste verlorene Runde des Krieges darstellt, ein Land unter asymmetrischen

Kriegszuständen aber dauerhaft zu kontollieren etwas ganz anderes ist (vgl. Dach 1985: 10).

> *„Wenn wir nur 30.000 Mann Kleinkriegstruppen aufzustellen, beziehungsweise nach der Niederlage im grossen Krieg beizubehalten vermögen [...], ist der Gegner gezwungen, dauernd mindestens 100.000 bis 150.000 Mann [...] im Lande zu belassen, um den Kleinkrieg nur einigermassen niederzuhalten"* (ebd. 9).

Dass Hans von Dachs Aussage richtig sein muss erscheint logisch, wenn man bedenkt, dass Kleinkrieg wie Terrorismus eine auf längere Dauer angelegte Sache ist, bei der man zuschlägt, wegrennt und an anderer Stelle erneut zuschlägt. Sun Tzu nennt die für Kleinkrieg ideale Umgebung „eingeengtes Gelände" und benennt „Kriegslist" als geeignete Strategie (vgl. Sun/Clavell 2008: 113f.). *„Schnelligkeit ist eine wichtige Eigenschaft im [Klein-] Krieg. Nutze sie zu deinem Vorteil, wenn der Feind nicht bereit ist, gehe über unerwartete Straßen und greife unbewachte Orte an"* (ebd.).

Hierbei gilt zu bedenken, dass alle Armeen und Polizeikräfte der Welt jeweils nur ein kleines Kontingent besitzen, das physisch und psychisch geschult ist, die bezüglich „unconventional warfare[26]" ausgebildet sind, diese aktiv einsetzen und passiv damit umgehen können (vgl. Haydt 2011: 122-125).

Nehmen wir stellvertretend für staatliche Sicherheitskräfte einfach die

---

26 Laut Claudia Heydt ist „unconventional warfare" eine beschönigende Bezeichnung für auf „List und Heimtücke" basierende Kampftechniken (vgl. Haydt 2011: 124).

Bundeswehr als Beispiel: Diese bestand 2011 aus 252.500 Mann, deren Verwendung für Auslandseinsätze in drei Gruppen eingeteilt waren: 35.000 Mann wurden der Eingreiftruppe für Kampfeinsätze hoher Intensität und kürzerer Dauer zugerechnet, 70.000 Soldaten stellen Stabilisierungskräfte für Operationen niedriger bis mittlerer Intensität und längerer Dauer dar, und 147.500 Mann sind Unterstützungskräfte, die sich um Verwaltung und Logistik kümmern, Leute ausbilden, sprich: den Laden an sich am Laufen halten (vgl. Haydt 2011: 122).

Sobald in einem Land – egal ob Afghanistan oder Deutschland – kein offener Kriegszustand auf jeder Straße des Landes herrscht, werden die speziell für Kampf teuer ausgebildeten Truppen zurückgezogen und durch weniger gut ausgebildete Schutztruppen ersetzt, da diese zum kostengünstiger und zum Aufrechterhalten von Recht und Ordnung ausreichend sind. Für den relativ selten vorkommenden Fall der Fälle, dass irgendwo ein Brandherd ausbricht, hält man stattdessen ein kleines Spezialkommando bereit. In Bezug auf die Bundeswehr wäre das das Kommando Spezialkräfte KSK, das im Baden-Württembergischen Calw stationiert und 1.100 Mann stark ist (vgl. Haydt 2011: 122f.). Und ausschließlich diese besitzen die „unconventional warfare"-Ausbildung, die zum Bekämpfen asymmetrischer Bedrohungen notwendig ist und 1.100 Mann können unmöglich überall gleichzeitig im Einsatz sein.

Man kann demnach sagen, dass ein Konflikt immer dann asymmetrisch ist, "*wenn es signifikante Unterschiede hinsichtlich der eingesetzten Kräfte, Mittel, Methoden aber auch hinsichtlich der Motivation und*

Moral der Kontrahenten gibt" (Richter 2006: 170).

Die erste Person, die über die Konflikform des asymmetrischen Krieges schrieb, war übrigens Carl von Clausewitz. Dieser studierte diese Konfliktart (die er "Kleiner Krieg" nannte) während der Napoleonischen Besetzung von Spanien, wo ein paar tausend spanische Partisanen sechs Jahre lang eine Viertelmillion französische Soldaten unentwegt in Atem hielt. Clausewitz schrieb hierzu, dass der "Kleine Krieg"

> *„den sonderbaren Charakter [hat], [...] dass in ihm neben der höchsten Kühnheit und Verwegenheit eine viel größere Scheu vor Gefahr besteht, als im großen Kriege [...]. Der einzelne Husar und Jäger hat einen Unternehmungsgeist, ein Vertrauen auf sich selbst, und auf sein Glück, wovon der kaum eine Vorstellung hat, der sich immer in der Linie befand [...]. Dagegen respektiert [er] die Gefahr im gewöhnlichen Gefecht mehr als die geschlossenen Truppen dies tun. [...] Er weicht zurük und sucht Schutz, so oft er kann. Weit entfernt [...] den leichten Truppen dies zum Vorwurf zu machen, ist es vielmehr eine nothwendige Eigenschaft derselben [...]. Im großen Gefecht muss man der Gefahr trotzen, der Einzelne vermag hier nichts durch List und Klugheit. [Dagegen das] freie Spiel des Geistes, welches im kleinen Kriege stattfindet, diese geschikte Verbindung von Kühnheit und Vorsicht (ich möchte sagen diese glükliche Composition von Verwegenheit und Furcht) ist es, was den kleinen Krieg so vorzüglich interessant macht"* (Paret 2010: 37f).

13. Die zwei Wege, den Terrorismus zu besiegen

Folgt man dem Historiker Martin van Creveld gibt es zwei Methoden, um asymmetrischen Kriegen mit hinreichender Wahrscheinlichkeit ein Ende zu setzen, von denen der eine Weg „der einfache Weg", der andere Weg „der schwierige Weg" ist. Man kann den leichten Weg auch als „das Ende mit Schrecken" und den schweren Weg als „der Schrecken mit Ende" bezeichnen. Beide Wege – ob leicht oder schwer – erfordern sehr viel Mut. Sie erfordern den Mut, eine Entscheidung zu treffen und sich dabei vorab über die Konsequenzen der beiden Entscheidungsalternativen voll bewusst zu sein.

Der einfache Weg oder: „Das Ende mit Schrecken"

Diesen Weg nahm Syriens ehemaliger Präsident Hafis al-Assad, als er 1982 seine Macht durch die wachsende Opposition und Unruhen im Land bedroht sah. Dessen Gegner waren Teile des islamischen Klerus, da aus deren Perspektive Assads regierende säkulare Baath-Partei in totalem Widerspruch zu deren Glauben stand. Als die innerhalb der Opposition federführende Muslimbruderschaft mit einer effektiven, terroristischen Anschlagsserie gegen Syriens Regime begann, versuchte al-Assad zuerst mit konventionellen Methoden wie Einschränkung von Bürgerrechten, geheimdienstlichen Festnahmen und Folterungen der Lage Herr zu werden. Doch keine polizeiliche Maßnahme, egal wie hart sie war, zeigte Erfolg, sodass weitere Anschläge erfolgten und hunderte Menschen ihr Leben verloren (vgl. Van Crefeld 2006: 88f).

Daraufhin ließ al-Assad eine der Rebellenhochburgen – die syrische Stadt Hama – von Regierungstruppen umzingeln. Hama war eine mittlere Großstadt mit 350.000 Menschen, was ungefähr der Einwohnerzahl von Wuppertal oder Bochum entspricht. Die Anzahl der sich dort verschanzter Terroristen und Terrorhelfer ist unklar, aber es dürfte sich mindestens um ein paar tausend Personen gehandelt haben.

Nachdem Assads Truppen mit willkürlichen Hausdurchsuchungen begannen, starteten gut 500 islamische Kämpfer („Mudschaheddin") einen Gegenangriff, bei dem etwa 250 Soldaten und Sicherheitsbeamte getötet wurden (vgl. Speckmann 2011: 2). Hafis al-Assad nutzte das als Vorwand und ließ sämtliche Zufahrtstraßen nach Hama durch die syrische Luftwaffe zerstören. Daraufhin machte er kurzen Prozess und seine Artillerie machte die gesamte Stadt dem Erdboden gleich.

Es war ein schlimmes und äußerst grausames Massaker, bei dem 20.000 bis 30.000 Menschen – vor allem Frauen und Kinder – starben. Al-Assad übernahm für die Tat die politische Verantwortung, in diesem Fall hieß das aber, er entschuldigte sich nicht. Stattdessen ließ er die Todeszahlen durch die regierungseigene Medienberichterstattung noch nach oben übertreiben und die verantwortlichen Offiziere befördern und staatlich auszeichnen.

Hafis al-Assad hatte ein grausames Exempel statuiert und durch sein Verzicht auf jegliches Zeichen von Bedauern kommunizierte er wirksam nach außen, dass er zu solcher Tat jederzeit wieder bereit sei, sofern nicht sofort Schluss mit dem Theater wäre. Van Crefeld schreibt hierzu: *"Die „schreckliche Niederschlagung der Hama-Revolte [brach] nicht nur das militärische Rückgrat der Muslimbruderschaft, sondern diente als klares Exempel für sie und andere oppositionelle Gruppen, (...) fortan auf weiteren Widerstand zu verzichten"* (vgl. Van Crefeld 2006: 89). Der von ihm eingeschlagene Weg war grausam und makaber, aber als die gewählte „einfache Lösung" war sie ungemein effektiv: Es sollte fast dreißig Jahre andauern, bevor Syrien (wieder) im Chaos versinkt.

Der schwere Weg oder: „Der Schrecken mit Ende"

Den „schweren Weg" dagegen nahmen die Briten bei der Niederschlagung der Aufstände in Nordirland. In den Jahren 1971 und 1972 fanden dort mehr als 1.300 Bombenanschläge statt. Am 30.01.1972 eskalierte der Konflikt am sogenannten „Bloody Sunday", als britische Soldaten bei Straßenkämpfen in Londonderry 13 Menschen töteten (vgl. Van Crefeld 2006: 89f).

Nach diesem „Höhepunkt der Gewalt" änderte die britische Armee ihre

Strategie und achtete darauf, nicht mehr als Unterdrücker, sondern als Beschützer der Bevölkerung aufzutreten. Dafür wurde darauf geachtet, dass die britische Armee sich im Großen und Ganzen an die Gesetze hielt und man sich im Allgemeinen stark in Zurückhaltung übte, sodass man rigoros darauf achtete, dass von eigener Seite nicht willkürliche Festnahmen und andere Formen von Erniedrigung wie Folter und illegale Tötungen begangen wurden. Hierfür ignorierten die Briten, dass der Onkel der Queen, Lord Mountbatten, von der IRA auf seiner Yacht in die Luft gesprengt, ebenso dass man den Sitz des Premierministers – die Downing Street 5 – mit Mörsergranaten beschoss, während dort gerade das Kabinett tagte (vgl. ebd. 90).

Alles, was die Briten in diesen Fällen taten, war die üblichen polizeilichen Untersuchungs- und Fahndungsverfahren einzuleiten, um Täter in Gewahrsam zu nehmen. Auf militärische oder politische Mittel wurde stattdessen verzichtet, bis sich die Lage in Nordirland von ganz alleine in der Konfliktbefriedung einpendelte. Van Crefeld zitierte hierzu den britischen General Paddy Waters, der ihm kurz bevor er Befehlshaber der britischen Streitkräfte in Nordirland wurde, sagte, dass Katholiken und Protestanten sich in Nordirland seit achthundert Jahren totschlagen würden

> *"und er habe wohl keine Chance, das in seiner Amtzeit zu verhindern. Was er tun könne und auch tun werde sei, dafür zu sorgen, daß unter seinem Kommando so wenig Menschen wie möglich umkämen, ganz gleich ob Katholiken, Protestanten, Soldaten oder Terroristen"* (vgl. Van Crefeld

2004: 2).

Symptomatisch für Großbritanniens „harten Weg" war, dass sehr viel mehr britische Sicherheitskräfte als Terroristen starben: das Totenverhältnis zwischen Großbritannien und den nordirischen Terroristen betrug 3:1 – auf tausend tote Soldaten kamen 300 Terroristen. Dazu kamen noch 1.700 Zivilisten, von denen die meisten durch irische Bomben starben,*„weil sie sich zur falschen Zeit am falschen Ort aufhielten"* (vgl. Van Crefeld 2006: 91).

Was das in Bezug auf einen Terroranschlag in Europa heißt

Können wir assymetrische Kriege gegen Terroristengruppen wie al-Qaeda oder ISIS gewinnen? *"Yes, we can"*, und zwar auf zweierlei Weg: Angenommen Berlin oder Brüssel werden zum Schauplatz eines Attentats vergleichbar mit dem von Paris November 2015 und die Behörden ermitteln die Identität der Attentäter, also deren Namen, Nationalität, Religion, Herkunft und Wohnort - zu jeder Adresse gehört auch ein Stadtteilgebiet: Kommen die Täter beispielsweise aus Brüssel-Molenbeek oder Berlin-Neukölln würde sich anbieten, diese durch Polizei- und Militärkräfte kurzerhand abzuriegeln und die Stadtteile mit Artilleriegranaten in Grund und Boden zu schießen. Dabei kommt den Granaten die gewünschte Aufgabe eines Losverfahrens zu – diese entscheiden durch Einschlag und Explosion willkürlich darüber, wer leben und wer sterben darf, wer schuldig oder unschuldig ist. Dieses Verfahren folgt Herodes' Logik, dass lieber tausend Unschuldige sterben, *„als dass auch nur ein Schuldiger seiner gerechten Strafe entgeht"* (vgl. Ankhbaatar 2015: 31). Wichtig wäre auf jeden Fall, dass so viele Molenbeeker oder Neuköllner wie möglich ihr Leben verlieren, denn

> *„der Schlag kann nicht hart genug sein. Es ist besser, zu viele als zu wenige Menschen zu töten. Man muss so hart zuschlagen, dass ein zweiter Schlag sich erübrigt, denn die bloße Wiederholung schwächt die Wirkung des ersten Schlages"* (vgl. Van Crefeld 2006: 91).

Sollte jemand dieses Vorgehen zu grausam sein, bietet sich eine leichte Abwandlung davon an, die wahrscheinlich eher europäischem Geschmack entspricht: Man könnte anstelle des Stadtteils auch die Familien der Attentäter sowie deren Freunde, Verwandte, Bekannte, Nachbarn sowie deren Freunde und Bekannte und auch noch den örtlichen Postboten töten, sofern man dieser aller auf einen Schlag habhaft wird. Denn *„je mehr [die Vergeltung] wie ein Blitz aus heiterem Himmel kommt, desto größer ist der Effekt; deshalb sollte sich der Herrscher milde geben, während er heimlich schon die Vorbereitungen trifft"* (vgl. ebd.). Allerdings sollte klar sein, dass zumindest auf dem Balkan diese durch die Wehrmacht praktizierte Form der Sippenhaft während des Zweiten Weltkriegs nicht allzu effektiv gewesen ist. Anstatt dass Terror weniger wurde, potenzierte er damals sich.

Auf jeden Fall ist - sofern man sich für die Lösung mit dem "Schrecken mit Ende" entschieden hat - wichtig, dass sich von politischer Seite für die Aktion an sich keinesfalls entschuldigt wird. Man sagt *„Jawohl, das tat ich, dafür trete ich meinetwegen liebend gern vom Posten zurück, aber mein Nachfolger wird exakt dasselbe machen, wenn jetzt nicht Schicht im Schacht mit dem Terror ist".*

Für wen diese einfachen Maßnahmen inakzeptabel sind, dem empfiehlt sich der zweite, natürlich etwas schwierigere Weg: Nichts tun außer Ruhe zu bewahren. Die Behörden verfolgen hierbei die Aufgabe, ebenso gelassen die gesamte Bevölkerung beschützen, indem man keiner Person – weder Terrorist noch Zivilist noch Polizist - gesetzlich garantierte Rechte abspricht, wobei die wichtigste Regel hierbei lautet, dass jeder "Verdächtige" so lange als unschuldig gilt, bis von einem ordentlichen Gericht das Gegenteil festgestellt worden ist.

Es sind in diesem Fall von Behördenseite auch keine „CTU Counter Terrorist Unit"-Spezialtricks, sondern gewöhnliche Polizeimaßnahmen in Form der gängigen Ermittlungs-, Fahndungs- und Verhaftungsverfahren zu ergreifen. Das heißt dann aber auch: Keine Maschinengewehrmänner an Flughäfen, keine „Just-in-case"-Flugabwehrraketen in Räumlichkeiten der regionalen Polizeiinspektion deponiert.

Man baut keine staatlichen Überwachungsmaßnahmen aus, man zieht keine weitere politische Konsequenz außer derjenigen, dass man keine politischen Konsequenzen zieht. Stattdessen erhöht man die Freiheit des Einzelnen und zeigt dadurch, dass Hass und Gewalt gegen uns zu nichts führt, keinerlei Auswirkung auf uns hat, sodass die Aggression gegen uns irgendwann einschlafen wird.

Die Bedeutung der 2 Wege

Beide genannten Wege sind mit dem Risiko von Schmerz und Leid verbunden. Beide Wege werden Menschen das Gefühl vermitteln, auf dieser Welt gäbe es keine Gerechtigkeit.

Der **leichte Weg** heißt zu akzeptieren, dass der Staat das Recht besitzt, außerhalb der gängigen Rechtsprechung und allgemeiner Moral zu stehen. Er darf demnach – solange es „zum Wohle des Volkes geschieht" - verleumden, Hass schüren, betrügen und töten, im Grunde genommen ist das seine oberste Pflicht, denn das Böse (ja, gerade das Böse) hält sich ja ebenfalls nicht daran (vgl. Neumann 1998).

Der **schwere Weg** dagegen bedeutet dem Staat diesen Weg zu verbieten und ihm vorzuschreiben, dass die individuelle Freiheit das höchste Gut des Menschen ist, ein Gut, das höher als das von körperlicher Unversehrtheit und der Frage nach Leben und Tod ist. In diesem Fall muss man sich dann an Cato orientieren: Dieser nahm sich nach dem verlorenen Kampf gegen Caesar das eigene Leben, anstatt zu akzeptieren, die eigene Freiheit durch Tyrannei zu verlieren (vgl Brokmeier 2005: 4). Und ebenso nehmen dann auch wir unsere Toten als Opfer für die Freiheit in Kauf. Denn Freiheit und Sicherheit bedingen einander, gleichzeitig stellen sie aber den Widerspruch dar, dass derjenige, der wirklich frei sein will, niemals wirklich sicher sein kann, und dass derjenige, der wirklich sicher sein will, niemals wirklich frei sein kann.

Fazit

Es sind also zwei Extreme, zwischen denen sich unsere Gesellschaft wohl zu entscheiden hat, will sie den Kampf gegen den Terror für sich entscheiden. Und jedes Gestochere irgendwie in der Mitte wird hierbei keine Lösung von Dauer, stattdessen nur weiter Öl ins Feuer gießen sein.

So interpretiere ich auch Frankreichs Reaktionen, wie man sie direkt nach den Pariser Attentaten beobachten konnte: Einerseits schränkte man ein bisschen die persönlichen Freiheitsrechte der Bürger ein, stocherte daneben ein bisschen in verdächtigen Krisen-Banlieues (unter anderem auch im belgischen Molenbeek) herum und bombardierte andererseits auch noch sofort ein bisschen "IS-Hochburgen" in Syrien. Man kann daher auch vermuten, dass - sollte Frankreich sich irgendwann entscheiden -, dieses wohl eher den extrem leichten Weg auswählen wird.

Es bleibt daher wohl nur zu hoffen, dass Deutschland und Resteuropa unabhängig von Frankreich im Falle des Falles den schweren Weg gehen wird.

Vielleicht sollte sich auch unser alter Feind und neuer Freund Frankreich an die Worte von Karl Kraus erinnern, der in seinem Drama "Die letzten Tage der Menschheit" über seine Erlebnisse aus dem Ersten Weltkrieg schrieb. Hierzu schrieb er, dass

> *„alles was gestern war, wird man vergessen haben; was heute ist, nicht sehen; was morgen kommt, nicht fürchten. Man wird vergessen haben, daß man den Krieg verloren, vergessen haben, daß man ihn begonnen, vergessen, daß man ihn geführt hat. Darum wird er nicht aufhören"* (Süselbeck 2010).

14. Wie Terroristen in Europa an Sprengstoff und Waffen gelangen

1998 wurde der erste Fernsehspot von Ricolas Werbekampagne „Wer hat's erfunden?" ausgestrahlt, worauf die Antwort selbstverständlich „Die Schweizer!" lautet. Dieselbe Antwort kann auch bezüglich der Frage gegeben werden, woher Terroristen wissen, wie man an Sprengstoff herankommt und wie eine Bombe zusammengebaut wird.

1957 veröffentlichte der Schweizer Armeemajor Hans von Dach eine Buchreihe, die Anleitung zum Schweizer Widerstandskampf im Falle einer sowjetischen Invasion gab. Darin gab dieser bis ins kleinste Detail darüber Auskunft, wie man sich am einfachsten Sprengstoff und Schusswaffen beschafft, wie man in Bezug auf beidem am einfachsten improvisieren kann und mit welcher Formel sich für welches Ziel am einfachsten die notwendige Sprengstoffmenge berechnen lässt.

Bezüglich letzterem schrieb von Dach beispielsweise, dass praktische Sprengerfahrungen zeigen, dass militärische Sprengformeln stark überladen sind (vgl. Dach 1985: 251). Denn

> *„die Armee «geht auf sicher!» Die Sprengung soll auch unter erschwerten Umständen sowie bei kleinen Berechnungsfehlern sicher gelingen. Hierfür wird ein erhöhter Sprengmittelverbrauch in Kauf genommen"* (ebd.).

Da aber Kleinkriegsverbände (Terroristen/Widerstandskämpfer) unter ständigem Munitionsmangel leiden,

> *„kannst Du deshalb von der nach Militärformel errechneten Sprengstoffmenge bis zu 30 % einsparen, ohne dass die Sprengung deshalb misslingt. Allerdings bleibt dann keine Sicherheitsmarge mehr und du musst sehr sorgfältig arbeiten"* (vgl. ebd.).

Um demnach erfolgreicher Terrorist zu werden, genügt es vollauf, ein aufmerksamer Leser von Hans von Dachs „Kleinkriegsanleitung für jedermann" zu sein. So erfährt man dann auch, dass Nitrozellulose ein perfekter Ersatzsprengstoff ist, zu deren Nutzung man am besten *„blecherne Fett- oder Konfitürekessel, Milchkannen oder Holzkisten"* als Sprengstoffbehälter einsetzt (vgl. Dach 1985: 48). Weiters erfährt man, dass Nitrozellulose am einfachsten in Fabrikbetrieben *„die chemisch/technische Produkte herstellen oder verarbeiten"* zu beschaffen ist (vgl. ebd.).

Sofern einem das aber zu gefährlich erscheint, weil man ein unter ständiger Verfolgungsgefühlen leidender Verschwörungstheoretiker ist, kann man natürlich genauso gut Nitrozellulose mithilfe eines Schüler-Chemiebaukastens zuhause herstellen. Manfred Just und Albert Hradetzkys „Chemische Schulexperimente, Band 4" gibt eine idiotensichere Anleitung hierzu (vgl. Just/Hradetzky 1983).

Fazit

Wie kommen demnach Terroristen am leichtesten an (Wissen über) Sprengstoff und Waffen? Mithilfe eines radikalisierten Imams in der Moschee? Dank freundlicher Unterstützung eines vom CIA gelenkten geheimen Verschwörungszirkels? Oder mithilfe von Chemie-Schulbücher sowie einer anti-kommunistischen „Kleinkriegsanleitung für jedermann"?

Denke hierbei kurz an das im Vorwort erwähnte Ockham'sche Rasiermesser. Dieses besagt, dass man bei mehreren zur Verfügung stehenden Erklärungen für ein und denselben Sachverhalt immer der einfachsten Antwort den Vorzug gibt, da der direkte und damit einfachste Weg in den meisten Fällen der richtige Weg hin zur Wahrheit ist.

Machst Du das auch in diesem Fall und wählst die Antwort aus, die näher an Deiner eigenen Lebensrealität liegt, kannst Du Dir zu neunundneunzig Prozent sicher sein, die richtige Antwort auf die Frage gefunden zu haben. Denn vergiss niemals: Terroristen sind Menschen wie Du und ich, die ebenfalls täglichs aufs Klo zum scheißen gehen!

15. Wie Terroristen ihre Taten vor sich selbst rechtfertigen

Der heilige Augustinus begründete die Notwendigkeit von Kriege zu führen damit, dass des Gegners Ungerechtigkeit den weisen Mann zu gerechten Kriegen zwingt (vgl, Werkner/Liedhegener 2009: 11). *„Und so ist sie es jedenfalls, die der Mensch beklagen muß, weil sie des Menschen Laster ist, auch wenn aus ihr kein Zwang zum Kriegführen entstünde"* (ebd.). Man kann hierzu auch sagen, dass Kriege solange unvermeidbar sind wie andere Menschen sündigen, die den rechtschaffenen Menschen zum Krieg gegen die daraus entstehende Ungerechtigkeit zwingt (vgl. Keller 2009: 35).

Auf Grundlage von Augustinus' Argumentation werden auch heute noch „Gerechte Kriege" gegen Schurken und andere Bösewichter rechtfertigt. Doch wie wir bei Frage 2 feststellen konnte, ist hierfür zuerst einmal ausschlaggebend, wer über die Interpretation des Sündenbegriffs bestimmt. Desweiteren kommt hierbei aber auch Paul Watzlawicks **3. Axiom der menschlichen Kommunikation** zum Tragen. Dieses besagt, dass die menschliche Kommunikation eine Triade sich wechselseitig bedingender Reize, Verstärker und Reaktionen ist (vgl. Watzlawick et al. 2000: 57).

Man kann hierbei an eine Versuchsratte denken, wenn man feststellen will, wer für wen Reiz und Verstärker ist: Während der Versuchsleiter meint, die Ratte darauf abgerichtet zu haben, dass diese nur auf Knopfdruck Fressen erhält, könnte sich genausogut die Ratte sagen, dass sie den Versuchsleiter so abgerichtet hat, dass sie von ihm auf Knopfdruck Fressen erhält (vgl. ebd.).

Die Interpunktion von Reiz, Verstärker und Reaktion bringt Rollenverteilung von Dominant und Abhängig mit sich. Und während die Ratte für oben genanntes Beispiel wahrscheinlich zu dumm ist, führt diese Rollenverteilung bei Menschen zu einem Führer- und Geführtentypus, wobei der eine ohne den anderen nicht existieren kann (vgl. Watzlawick et al. 2000: 58).

Hierbei verweist Watzlawick auf ein immerwährend streitendes Ehepaar: Der Mann sagt, dass er seine Frau meidet und anschweigt, weil sie immer nörgelt, während seine Frau sagt, dass sie deshalb immer nörgelt, weil ihr Mann sie immer meidet und anschweigt (vgl. Watzlawick et al. 2000: 58). Beide Ehepartner nehmen ihr eigenes Verhalten nur als Reaktion auf den anderen, nicht aber als Ursache für des anderen Verhalten wahr (vgl. ebd. 59).

Daher lautet auch das 3. Axiom, dass **die Natur einer Beziehung durch die Interpunktion der Kommunikationsabläufe seitens der Partner bedingt ist**. Alles hängt davon ab, wo man den Startpunkt für „Ursache und Reaktion" hinsetzt.

Da Staaten[27] mithilfe der Ursache-Wirkung-Interpunktionsverschiebung

---

27 Sofern Du als Leser Dir die Mühe machst, Musharraf Al-Azharis „jhad by the sword"-Argumentation in seinem kostenlos downloadbaren Büchlein mithilfe der folgenden Aussagen zu vergleichen, wirst Du feststellen, dass nicht nur Christentum und weltliche Staaten, sondern auch im Islam die

Aggressionen, Kriege und Wettrüsten legitimieren[28], dürfte diese Technik auch zur erfolgreichen Terrorismusrechtertigung anwendbar sein. Denn schon Sun Tzu wusste vor 2.500 Jahren zu berichten, dass derjenige die Schlacht gewinnt, der im Einklang mit dem Gesetz der Moral ist (vgl. Sun/Clavell 2008: 19).

Kleinkriegexperte Hans von Dach gibt jetzt fett gedruckt die Antworten darauf, wie man anderen und sich selbst gegenüber Terrorismus rechtfertigt (vgl. Dach 1985: 10f.). Diese Antworten werde ich jedes Mal gemäß Paul Watzlawick in klare deutsche Sprache umcodieren.

1. **„Eine politische Ordnung, wie wir sie bejahen, besteht bei unserem Gegner nicht"**

   Diese Argumentation findet sich bei allen Terroristen wieder, egal ob diese Islamisten, Marxisten oder Vegetarier sind.

2. **„Moderne Kriege sind „Weltanschauungskriege", in denen es um Sein oder Nichtsein geht."**

   Bist Du für mich oder bist Du gegen mich. Indem ich andere vor die Wahl stelle, für oder gegen mich zu sein, sind diese die Ursache und alles, was ich tue, ist die Wirkung. Desweiteren bringt der Begriff „Weltanschauung" mit sich, dass derjenige, der anderer Weltanschauung ist, aus meiner Anschauung heraus im besten Fall ein Sünder, ansonsten aber böse ist.

3. **„Wer mit dem Feind oder seinen Mitläufern aktiv oder passiv zusammenarbeitet, verliert mit diesem zusammen den Krieg und zusätzlich noch die Ehre."**

   Wer nicht für mich ist, hat sich in meinen Augen dafür entschie-

---

Interpunktionsverschiebung angewendet wird (vgl. Al-Azhari 2008: 6f.).
28 Vgl. Watzlawick et al. 2000: 59; vgl. hierzu Bock 2015: 506f. Eine ähnliche Aussage liefert übrigens ebenfalls David J. Singers Spiegelbild-Theorem (vgl. Becker 2016 44f.).

den, gegen gegen mich zu sein. Und wer gegen mich ist, ist entweder ein Sünder, der geläutert werden kann oder er ist mein Feind, wie Satan der Feind Gottes ist. Zumindest aber stellt diese Person selber die Ursache für meine Reaktion dar.

4. **„Die Bevölkerung wird den Kampf mit der Besetzungstruppe, die ein totalitäres Regime vertritt, wenn vielleicht auch nicht gerade sofort, so doch sicher später aufnehmen. Denn wer mehr will, als gerade bloss am Leben bleiben, wird früher oder später gegen den ihm zugemuteten ewigen und brutalen Zwang rebellieren."**

Die Ursache des vom Feind uns auferlegten Zwang rechtfertigt unsere Reaktion, denn diese ist natürlich. Wer jetzt noch nicht kämpft, wird durch unser Beispiel den Mut finden, denn wir kämpfen für die Freiheit und der Zwang des Bösen muss über kurz oder lang den Kampf gegen das freiheitlich Gute verlieren. Lass daher unsere Reaktion auf den Zwang des Feindes Ursache für die aufkeimende Rebellion sein. Und da das Gute über das Schlechte triumphiert, kommt logischer weise 5. ins Spiel...

5. **„Im Zweifelsfalle ist es aber besser, als Widerstandskämpfer im Gefecht gegen den Landesfeind umzukommen, denn als für den Feind arbeitender Sklave in der Fabrik von den Fernwaffen der Freunde erschlagen zu werden!"**

Es ist aufgrund der Natur ihrer Sache unabwendbar, dass sich Sklaven als Reaktion gegen ihre Unterjochung auflehnen. Sofern ich nicht bereit bin, für das Gute mitzukämpfen, bin ich selber dran schuld, wenn mir durch die für mich Kämpfenden Kollateralschaden entsteht.

6. **„Wer aber im Widerstandskampf aktiv mitmacht, kann an politischem und moralischem Einfluss für die Nachkriegszeit nur gewinnen."**

Sofern jemand über die Dschihadisten versprochenen 72 Jungfrauen im Paradies lacht, darf dieser mir diesbezüglich gerne hierzu den Unterschied erklären.

7. **„Um Weltanschauungen und politische Überzeugungen ist eben immer härter gekämpft worden, als um ein Stück Brot!"**

Dies ist quasi ein göttliches Gesetz, denn das erste Gebot sagt bereits: „Ich bin der Herr Dein Gott, Du sollst keine anderen Götter neben mir haben." Wer gegen das Gebot verstößt, ist Ursache für die Reaktion der Bestrafung dafür.

8. **„Die Ursprünge der Kampfhandlungen werden fast durchwegs Affekthandlungen sein."**

Shit happens

9. **„Die rücksichtslose Kampfführung der totalitären Mächte hat zu einer Verwilderung und Verrohung der Kriegsbräuche geführt, die wir zwar tief bedauern, aber nicht ändern können.**

Du bist die Ursache, auf die ich nur reagiere.

Vor dieser unerfreulichen Entwicklung dürfen wir die Augen nicht verschliessen und müssen - ob es uns passt oder nicht - die notwendigen Konsequenzen ziehen! Das sogenannte «Partisanenunwesen» des Zweiten Weltkrieges war nicht zuletzt die direkte Antwort der Getretenen auf die rücksichtslose Kampfführung des totalitären Angreifers."

Ich will das echt nicht, glaub's mir, aber hey: Du bist alleine Schuld daran!

Wie rechtfertigen Terroristen demnach ihre Taten vor sich selber? Ganz einfach: Genau so wie jeder Mensch es unbewusst selbst bei jeder kleinsten Scheiße macht: **Sie lassen das Verhalten des anderen immer die Ursache und das eigene Verhalten immer die Reaktion darauf sein!**

Der einzige Kriegsstratege, der von dieser durch Interpunktionsverschiebung ausgelösten Selbsttäuschung bewusst abweicht, ist der japanische Schwertkampfmeister Miyamoto Musashi. Dieser sagte hierzu:

> *„**General und Gefolgsmann** ist eine Lehre, die besagt, dass man **sich selbst immer als General** und den Gegner als eigenen Gefolgsmann ansehen soll. Diese Lehre ist jedoch erst dann [verständlich], wenn man sich die vollständige Logik der Kampfkünste durch das Training erfahrbar gemacht hat"* (Machida 2012: 63).

Nur auf Musahi-Art kann vermieden werden, dass man Hans von Dachs Märchen aufsitzt, dass man einen Kampf mit Erbitterung und Glaubensstärke auszukämpfen versucht, die auf die Dauer unumgänglich „derjenigen des fanatisierten Feindes um nichts nachsteh[en]" wird (vgl. Dach 1985: 12).

In diesem Sinne schrieb auch der japanische Napoleon Yamamoto Kansuke, dass

> *„ein echter Krieger [...] Diener und Beschützer der Wahrheit, die er mit klarem Geist erfasst [...]. Wenn Dein Denken klar wie ein Spiegel ist, wirst Du alle Dinge so sehen, wie sie wirklich sind. Ist der Spiegel beschmutzt, kannst Du die wahre Natur der Dinge nicht erkennen. Darum müssen Geist und Gedanken klar und rein sein"* (vgl. Sporadev 2011: 3).

Bedenke das gut!

16. Warum Moral kein Maßstab in Bezug auf Maßnahmen gegen Terrorismus ist

Der Schweizer Yves Bossart ist promovierter Philosoph und Redakteur der Sendung „Sternstunde Philosophie" im Schweizer Fernsehen. Er entwickelte einen moralischen Selbsttest, der Menschen verraten soll, welche Ethik man vertritt.

Die Fragen, mit denen Bossart einen konfrontiert, betreffen das Lügen, das Stehlen und ob bzw. wann Foltern und Töten gerechtfertigt sind. Du kannst den Test im Internet selber machen. Du findest ihn über Google, wenn Du die Worte „Yves Bossart", „Test" und „Ethik" eingibst.

Ich empfehle, dass Du zuerst einmal den Eigenversuch unternimmst, Dir selber einige Gedanken macht und danach erst liest, was meine Antworten sind und wie ich hierbei mir selbst gegenüber argumentiert habe. Denn Friedrich der Große wusste bereits zu sagen, dass nur wenige Menschen denken, doch alle entscheiden wollen. Entscheide also zuerst einmal für Dich, ob Du im Sinne des „Alten Fritz" Ausnahme von seiner Regel bist.

Angeblich soll der deutsche General Max von Gallwitz während des Ersten Weltkriegs die Tapferkeit britischer Soldaten gelobt, gleichzeitig aber die Fähigkeiten ihrer Führungsoffiziere verspottet haben. Hierbei soll er von *„Löwen, die von Lämmern angeführt werden"* gesprochen haben.

Wenn Bossart immer fragt, ob „man" etwas machen darf, läuft die Sache in meinen Augen auf dasselbe hinaus, da es sich auf eine Frage in Bezug auf „man" immer recht schnell und einfach antworten lässt. Ich fragte mich daher jedes Mal, was ich tun würde, wenn ich die Entscheidungsgewalt innehätte und damit auch alle sich daraus ergebenden Konsequenzen tragen müsste.

Bossarts Fragen erlauben **ausschließlich** die Antworten "**Ja**" oder "**Nein**". Es gibt kein "vielleicht", kein "unter Umständen" und auch keinen dritten Weg im Sinne von "Es **muss** eine Alternative geben". Wir gehen davon aus, dass es keine gibt.

16.1 Ein gekapertes Flugzeug abschießen

Bossarts vierte Testfrage lautet:

> *Ein Passagierflugzeug wurde von Terroristen entführt und fliegt direkt auf ein bewohntes Hochhaus inmitten einer grösseren Stadt zu. Wenn nicht eingegriffen wird, wird das Flugzeug ins Haus knallen. Die Passagiere, aber auch die Hausbewohner kämen ums Leben. Darf man das Flugzeug abschiessen?*

Die möglichen Antworten sind:

1. **Nein**, Auf keinen Fall. Das wäre Mord.

2. **Ja**, man sollte das Flugzeug abschiessen, denn die Passagiere würden ja sowieso sterben. Nur so kann man jedoch verhindern, dass Hunderte von weiteren Menschen sterben oder verletzt werden.

3. **Nein**, man sollte das Flugzeug nicht abschiessen. Würde man den Abschuss gutheißen, so würde sich die Hemmschwelle zum Töten vermutlich immer weiter senken und ein Menschenleben hätte nicht mehr denselben Stellenwert wie heute. Die Würde des Menschen wäre in Gefahr.

Die moralischen Denkschulen

Es gibt drei große Denkschulen, wie man moralische Fragen betrachten kann: Die **Tugendethik**, die **utilitaristische Moral** sowie die **Pflichtethik**.

Die **Utilitaristische Moral** geht davon aus, dass eine Sache moralisch richtig ist, wenn die Mehrheit von einer Handlung profitiert und nur eine Minderheit dadurch geschädigt wird. Antwortmöglichkeit **2** entspricht der utilitaristischen Denkschule: Es ist utilitaristisch gesehen richtig, ein entführtes Flugzeug voller Geiseln abzuschießen, wenn Gefahr im Sinne einer Wiederholung von „9-11" besteht und durch den Tod von wenigen faktisch gesehen das Leben von mehr Menschen gerettet werden kann. (**PRO 1!**)

Allerdings ist dieselbe Handlung aus utilitaristischer Perspektive falsch, weil durch den freigiebigen Abschuss der gesellschaftliche Wert des Vertrauens in das Individuum geschmälert, Menschenleben gemäß ökonomischem Rechenschieberprinzip quantitativ messbar gemacht wird. Dadurch sinkt durch den Abschuss eines Flugzeugs der Gesamtnutzen für die Mehrheit. (**CONTRA 1!**)

Die **Tugendethik** sagt dagegen, dass Menschen sich tugendhaft verhalten und bestrebt sind gutes zu tun – Antwortmöglichkeit **1** drückt tugendethisches Denken aus. Der Abschuss des Flugzeugs stellt Totschlag an den Insassen dar, denn man handelt vorsätzlich und führt willentlich den Tod eines anderen Menschen herbei. Es muss also anscheinend nicht lange gestritten werden, ob ein Flugzeugabschuss tugendethisch richtig ist. (**CONTRA 2!**)

Allerdings wäre das Ergebnis des Nicht-Abschießens Totschlag durch Unterlassen, hierbei sogar an einer größeren Anzahl von Menschen, wodurch man erneut bei der Frage mit dem Rechenschieber angekommen ist. (**PRO 2!**)

Die **Pflichtethik** sagt, dass Handeln moralisch ist, wenn verfolgte Absichten moralisch gut sind. Die verfolgte Absicht beim Flugzeugabschuss wäre die Verhinderung eines größeren Unheils, wenn das Flugzeug beispielsweise in der Skyline Mainhattans oder auch nur auf eine bewohnte Eremitenhütte an der Mecklenburger Seenplatte abstürzt. Demnach ist die verfolgte Absicht gut. (**PRO 3!**)

Allerdings tötet man dafür die Menschen in der Passagiermaschine, für die man ebenfalls verantwortlich ist und gegenüber deren Interessen die von uns verfolgte Absicht schlecht ist, denn es ist davon auszugehen, dass von den meinetwegen 234 Geiseln mindestens einer gegen seinen Abschuss ist und damit auch der (pflichtethisch sowieso schon strittige) Rettungsanker des „Tötung auf Verlangen" futsch ist. (**CONTRA 3!**)

Fazit

Unter dem Strich komme ich zum Ergebnis, dass jede an dieser Stelle auf Grundlage der Moral getroffene Entscheidung gleichermaßen richtig wie auch falsch ist. Ich kann jede Handlung auf derselben Ebene gleichermaßen verteidigen wie verurteilen. Daraus schlussfolgere ich, dass jede in diesem Fall in Anlehnung auf Moral getroffene Entscheidung nichts weiter als eine Frage der eigenen emotionalen Konditionierung ist, denn Iwan Pawlow sagte, dass Menschen, die vor zwei gleich guten oder gleich schlechten Alternativmöglichkeiten stehen, bei unter-Druck-Entscheiden und Nichtentscheiden immer den Weg gemäß ihrer Konditionierung gehen. Der amerikanische Satiriker Ambrose Gwinnett Bierce drückte ähnliches aus, als er sagte, dass Erwägen nur Begründungssuche für eine bereits getroffene Entscheidung ist.

Wie entscheiden sich andere, und warum?

Zur Beantwortung dieser Frage verwende ich Arno Gruens Emotionstheorie, die Dir im Abschnitt 11.1 vorgestellt wurde.

Ein **Rechtskonservativer** wird sich aufgrund seines vermeintlich handlungsrationalen Verhaltens **utilitaristisch** betrachtet für PRO 1 entscheiden, da er Gleichheit durch Einheit („Uniformität") anstrebt. Entscheidet er sich auf Grundlage der **Tugendethik** wird er aufgrund seiner fehlenden Fähigkeit zu Mitleid und Liebe, seines dafür aber umso stärker ausgeprägten Selbstmitleids für CONTRA 2 entscheiden, da er Angst davor hat, für seine Taten vor Gericht die Verantwortung zu übernehmen. Bezüglich der **Pflichethik** entscheidet er sich für PRO 3, weil ihn das Schicksal der 234 Personen aufgrund seiner fehlenden Empathie gelinde gesagt „voll am Arsch vorbei" geht. Denn Empathie ist Zeichen der eigenen Schwäche, die man nach außen posiert, die aber beim Starken innerlich „abgetötet" ist.

Linke Rebellen dagegen suchen Einheit durch Gleichheit, setzen sich deshalb für unterdrückte Minderheiten ein. Da das augenblickliche Gesellschaftssystem verdorben ist und sowieso vor dem Kollaps steht, werden sie **utilitaristisch** betrachtet CONTRA 2 wählen müssen, da vor allem revolutionären des Menschen Erkennen seines drohenden Niedergangs steht. **Tugendethisch** dagegen wählen sie PRO 2, da ihre Bestrafung durch die Autorität wie die Butter zur Stulle unweigerlich zum Systemversagen gehört und ungerechtes Leiden die Rebellion verstärkt. Treffen linke Rebellen dagegen auf Grundlage der **Pflichtethik** ihre Entscheidung müssen sie PRO 3 wählen, da man dadurch dem Opfer des Einzelnen am meisten Rechnung trägt. Denn auch für den Rebellen spielt Mitgefühl keine große Rolle, da er glaubt, dass er durch Empathie verwundbar ist. Deshalb wirkt er nach außen auch so, als ob ihm Liebe und Mitgefühl egal ist.

Wie entscheide ich mich, und warum?

Da ich der Meinung bin, dass Moral zum Entscheidung treffen nicht tauglich ist, **lasse ich das Flugzeug abschießen**, und zwar aus der einfachen Erwägung heraus, dass **rechtskonservative Konformisten** sicherheitsbedacht und ängstlich, daher auch autoritätshörig und Stützpfeiler einer jeden Regierung sind. Konformisten stellen darüber hinaus in Krisenzeiten die klare Mehrheit einer jeden westlich geprägten Gesellschaft dar.

Der **Linke Rebell** stellt Arno Gruen folgend eine zu vernachlässigende

Minderheit dar: Dieser wird sowieso gegen jede meiner getroffenen Entscheidung sein, da ich als Entscheidungstäger das Establishment repräsentiere und - egal wie ich mich entscheide - mir trotzdem jegliche Dankbarkeit verweigern, da sich in der Verweigerung von Dankbarkeit seine Verachtung gegenüber meiner Stellung als Rädchen im Getriebe des Establishments ausdrückt.

Linke Rebellen können daher vernachlässigt werden und ich konzentriere mich stattdessen darauf zu verhindern, dass die (rechtskonservativ-konforme) Lammherde in Panik kopflos auseinander rennt und untereinander Chaos verursacht, wofür es so gesehen auch keinen "Mut zur schlechten Entscheidung" bedarf.

Den **Emotional Ausgeglichenen** unterstelle ich wiederum, dass diese meine Entscheidung von ganz alleine nachvollziehen können, sofern sie sich mit der Gedankenmaterie selber mehr als nur oberflächlich beschäftigt haben.

Arthur Miller sagte einst: *"Entweder ist die Welt zu schlaff oder ich bin nicht hart genug!"* Ich dagegen sage: *"Entweder bin ich zu schlaff oder die Welt ist hart, genug!"*

16.2 Ein unschuldiges Kind foltern

Bossarts erste Testfrage lautet:

> *Angenommen, ein Terrorist hat eine Bombe versteckt, die 1000 Menschen in den Tod reißen würde. Darf man die fünfjährige Tochter des Terroristen foltern, um sein Geständnis zu erzwingen und die Bombe ausfindig zu machen? Man hat guten Grund zur Annahme, dass die Folter der Tochter den Terroristen zur Aussage bewegen wird. Eine andere Alternative ist nicht in Sicht.*

Die möglichen Antworten sind:

1. **Ja**, in diesem Fall wäre es moralisch richtig, die Tochter zu foltern, schließlich steht das Leben von 1.000 Menschen auf dem Spiel.

2. **Nein**, Folter ist unter keinen Umständen erlaubt. Man darf die Tochter nicht instrumentalisieren. Das wäre eine Verletzung der menschlichen Würde.

Wie schon bei 16.1 folge ich Max von Gallwitz' „Löwen und Lämmer"-Gedanken und frage mich daher, ob erstens ich den Befehl zum Foltern geben würde und ob ich zweitens selber zum Foltern bereit wäre.

Was spricht also für und gegen das Foltern und wie entscheide ich mich?

Pro:

Ich könnte mir sagen, dass das Seelenheil des Kindes und seiner Unschuld bezüglich der Taten seines Vaters ein Tausendstel im Vergleich zu den tausend unschuldigen Opfern wert ist, die ansonsten sterben müssten. Ich könnte mir die Kosten ansehen, die die Bombe im Herzen der Stadt, aber auch im Herzen unserer Nation anrichten würde: Tausend Tote, dazu hoher Sachschaden, eine ganzes Land wie ein kopfloses Huhn, erfüllt von Panik und Angst. Dazu kommen fallende Aktienkurse, da Börsen im Normalfall sehr empfindlich auf solche Attacken reagieren, vor allem wenn sie Deutschland betreffen, das geografische sowie wirtschaftliche Herz Europas. Ich könnte darüber sinnieren, wieviel Gewalt dank hirnloser Idioten, aus Angst zur Waffe greifender Bürger, aber auch von Rache dank Schmerz beseelter Opferangehöriger die Folge sein würden, wobei die Opfer dieses aufgrund unterschiedlicher Interessenlagen vereinten Mobs wiederum Unschuldige wären, die vielleicht nur dieselbe Nationalität, Religion oder Bartschnitt mit dem Täter verbinden würde.

Auch bezüglich des Kindes kann ich argumentieren, dass es seinen Vater für die Tat später sowieso hassen wird. Es wird für immer das Kainsmal tragen, das leibliche Kind eines amtlich anerkannten Massenmörders zu sein. Und während Eltern ihren Kindern jede Sünde verzeihen, ist das umgekehrt vergleichsweise selten der Fall. Egal, wie ich die Sache drehe oder wende - der Schaden wäre immens.

Contra:

Zuallererst: Es gibt hierfür keine moralische Rechtfertigung. Jeder Versuch das zu rechtfertigen scheitert daran, dass es moralisch nicht nur falsch, sondern Sippenhaft unter keinen denkbaren Umständen richtig ist, nicht richtig sein kann und nicht richtig sein darf; jeder ist für seine Taten selbst verantwortlich, keiner kann für Taten seines Nächsten auf diese Art verantwortlich gemacht werden. Der Schritt von hier zu den Vergeltungsaktionen der Wehrmacht in Jugoslawien im Zweiten Weltkrieg (hundert tote Jugoslawen für jeden ermordeten Wehrmachtsangehörigen) ist nicht allzu weit. Auch ob die dem Attentäter nahe stehende Person sein Kind, seine Freundin oder auch nur seine Putzfrau ist - keine darf für die Taten seines anderen verantwortlich gemacht werden. Es ist einhundert Prozent falsch, weil einhundert Prozent unmenschlich!

Allerdings kann Gerechtigkeit ebenfalls immer nur unmenschlich sein.

Das Urteil des Salomo zeugt davon: Damals traten zwei Frauen vor den König, die beide ein Kind zur Welt gebracht hatten, von denen aber eines starb. Angeblich sollte die Mutter des toten Säuglings dieses mit dem Kind ihrer Nachbarin vertauscht haben, während diese schlief, sodass der Fall zur Klärung vor Salomon kam. Dieser verlangte nach dem Schwert und entschied, dass das Kind in zwei Hälften geschnitten werden solle, sodass jede das halbe Kind bekommt. Daraufhin bat die wahre Mutter des Kindes darum, es der Diebin zu geben, damit das Kind lebe und diesem nichts geschehe. Und Salomon gab das Kind daraufhin der wahren Mutter.

Lösung:

Lösung: König Salomos Entscheidung war unmenschlich, doch gerecht. Auch der Daoismus sagt:

> *"Verliert man das Dao, erst dann braucht man die Tugend, verliert man die Tugend, erst dann braucht man die Humanität [...]. Himmel und Erde sind nicht human... der weise Mensch ist nicht human."*

Und deshalb würde auch ich inhuman verfahren, nachdem ich zuvor auf meine Intuition gehört habe, die mir einen Hinweis darauf liefern soll, ob ich der mir gegenüber sitzende Terrorist gemäß **Arno Gruens Emotionstheorie** ein von seiner Denkstruktur her **Rechtskonservativ-Konformer**, ein **Linker Rebell** oder ein **emotional Ausgeglichener** ist, wobei religiös motivierte Terroristen laut Gruen tendenziell der Linker-Rebell-Fraktion zuzurechnen sind.

Wäre mein Gegenüber ein **Rechtskonservativer**, so weiß ich, dass dieser schmerzempfindlich ist, weil das einzige Mitleid, das dieser kennt, das Selbstmitleid ist. Diese Person würde ich ohne Umweg über sein Kind direkt selbst foltern, da ich davon ausgehe, dass er seinen Schmerz als seine größte Schwäche empfindet, die er normalerweise für sich stellvertretend bei anderen auszumerzen versucht. Diese Person wird recht schnell zu brechen sein, sodass sie sich mir als seinem Peiniger und gleichzeitigem Erlöser unterwirft, da er sich dieses Verhalten in frühester Kindheit zuhause in seinem Elternhaus als Überlebensstrategie angeeignet hat. **In diesem Fall foltere ich kein Kind**.

Ist die Person stattdessen von seiner Konditionierung her der **Linker-Rebellen**-Fraktion zuzurechnen, weiß ich, dass direkte Folter bei ihr zwecklos ist, da sie genau dieses Verhalten von mir als Vertreter des verachtungswürdigen Establishments erwartet, sodass ich im Einzelfall abwägen muss, ob dieser Terrorist sein Kind ebenso wie sich als notwendigen Preis für den glorreichen Revolutionskampf ansieht. Denn Sergej Genadievich Nechayev schrieb 1869 in seinem „Revolutionary Catechism":

> *„The revolutionary is a doomed man. He has no personal interests, no business affairs, no emotions, no attachments, no property and no name. Everything in him is wholly absorbed in the single thought and the single passion for revolution"*, sowie dass

> *„the revolutionary man knows that in the very dephts of his*

being, not only in words but also in deeds, he has severed all the bonds that tie him to the social order and the civilized world with all its laws, moralities and customs and with all its generally accepted conventions. He is their implacable enemy, and if he continues to live among them it is only in order to destroy them more speedily."

Der **Linke Rebell** sieht seine Gefühle nicht als Todesverachtenswertes Zeichen eigener Schwäche an, nimmt diese allerdings als Bedrohung für sein Selbst dar, sodass er nach außen hin, abgesehen von der leidenschaftlich vertretenen Revolutionssache, eher verachtend, ablehnend und gefühlskalt erscheint, während der Rechtskonservative eher Gefühls-Nachahmer ist, der als Konformitätsanpasser nach außen hin wie ein funktionierendes Glied der Gesellschaft erscheint. **In diesem Fall würde ich vielleicht sein Kind foltern**.

Ist der Terrorist dagegen ein **emotional Ausgeglichener** stünde ich vor dem Dilemma, dass diese Person wirklich schmerzresistent ist, weil sie ihre Gefühle zulässt und dadurch optimierter Schmerzabsorbierer ist. Diese Person selbst zu foltern würde daher voraussichtlich weniger erträglich als beim Linken Rebellen sein, sodass ich notgedrungenermaßen auf sein Kind zurückgreifen müsste. Allerdings erscheint es mir recht unwahrscheinlich, eine emotional ausgeglichene Person in den Reihen extremistischer Terroristen vorzufinden, da diese Gruppe laut Gruen die Stützpfeiler unserer Demokratie sind und daher für Extremismus unempfindlich sind, sodass mir solch ein Mitglied dieser Personengruppe am wenigsten wahrscheinlich als Terroristenbomber gegenüber sitzen wird.

Aber angenommen, ich hätte entschieden, dass die gewählte Option Kindsfolter ist: Ich würde dem Kind Folter androhen, ja, und ich würde die Folter notfalls auch selber durchführen, denn erstens ist solch eine Aufgabe keinem aufzutragen – es reicht, wenn das Unrecht auf einer Schulter lastet -, und zweitens sollte sich bei solch einem Unrecht wider der Menschlichkeit niemand hinter Befehlen verstecken dürfen.

Wer unmenschlich handelt, muss sich dessen vollkommen bewusst sein, mit all seinen Konsequenzen. Er muss wissen, was er tut und darunter leiden - nur so darf es sein.

Also würde ich notfalls das unschuldige Kind vor den Augen seines Vaters foltern, dabei aus Kummer und Schande weinen, schreien und selber mitleiden. Mein Entsetzen über meine Taten sollte sich in den Augen des Terroristenvaters, seinem Herzen und seiner Seele wiederspiegeln. Außerdem würde ich ihm alles mögliche zusichern, damit er meinem unmenschlichen Handeln ein Ende setzt. Ich würde im Sinne des Dao dem Vater vor Augen führen, wie schwach ich bin und wie sehr ich darunter leide, denn das Feste und Starke sind des Todes Begleiter, das Weiche und Schwache ist des Lebens Begleiter; Schwaches besiegt Starkes, Weiches besiegt Hartes, selbst wenn es mitunter absurd klingt.

Danach würde ich mich festnehmen lassen, damit die unmenschlich-gerechte Gerichtsbarkeit mich für mein gerecht-unmenschliches Handeln verurteilt. Die verhängte Strafe wäre unerheblich, denn sie könnte bezüglich der Schwere der Schuld keinesfalls angemessen sein.

81

Fazit

Die Sache, die Dir als Leser zu denken geben sollte, formulierte Arno Gruen in seinem Buch "Der Verlust des Mitgefühls" folgendermaßen aus:

> "Das Verhängnisvolle, aber zugleich Bezeichnende an diesem Fall ist, dass ein Mensch, der sich seinen eigenen Schmerz nicht zugesteht, auch nicht in der Lage ist, den Schmerz eines anderen Menschen wahrzunehmen. Täte er dies, würde ihn das an seinen eigenen, lange zurückliegenden Schmerz erinnern. So empfindet er Mitgefühl mit dem scheinbaren Schmerz des Täters, weicht aber vor dem wahren Schmerz des Opfers zurück. Das Nicht-wahrhaben-Dürfen des in der eigenen Lebensgeschichte erlebten Schmerzes führte zu einer Verleugnung des Schmerzes anderer. [...] Indem wir den Schmerz in uns einmauern, verschließen wir uns vor den wahren Opfern und bemitleiden die Täter."

Spare Dir also Dein Mitleid für mich und vergesse nicht, dass das einzige Opfer in dieser Geschichte das kleine Mädchen ist. Ich traf hier eine Entscheidung, kritisch, nüchtern und (wissenschaftlich-logisch) begründet. Ich hätte mich auch anders entscheiden können. Das Mädchen konnte das nicht. Daher kann auch die einzig denkbare Absolution für meine Schuld sowieso nur eine spätere Vergebung von Seiten des zu Schaden gekommenen Opfers sein.

Der US-General **Norman Schwarzkopf** sagte, dass ein guter Führer zwei Dinge mitbringen muss: **Charakter und Strategie**. Und wenn er auf eines von beidem verzichten muss, soll das die Strategie sein.

17. Warum Terrorismus keine Bedrohung ist und trotzdem als Bedrohung verkauft wird.

Dieser abschließende Teil dürfte der wichtigste, aber auch komplizierteste Teil der gesamten Terrorismus-Problematik sein. Ich gehe davon aus, dass wenn Du diese verstehst, Du auch das politische Element des Terrorismus verstanden hast.

„Politik" wird definiert als *„soziales Handeln, das auf Entscheidungen und Steuerungsmechanismen ausgerichtet ist, die allgemein verbindlich sind und das Zusammenleben von Menschen regeln"* (Bernauer et al. 2009: 32). Es ist hierbei nicht von explizit politischem sondern von sozialem Handeln die Rede. Damit wird das Verhalten von Menschen in Bezug auf sich und in Bezug auf andere gemeint. Der Mensch ist sowohl *„durch persönliche Merkmale, die psychischer und biologischer Natur sind"* als auch durch sein gesellschaftliches Umfeld geprägt, mit dem er in ständiger Kommunikation und Interaktion steht (vgl. ebd.).

Interaktionen finden in der Regel in Form von Konflikten statt, wobei der Begriff „Konflikt" nicht wertend zu verstehen ist; Konflikte können sowohl positiv als auch negativ sein, denn Konflikten liegen Widersprüche, Vorhaltungen und Annahmen zugrunde, wobei ein Widerspruch objektiver Natur, Vorhaltungen und Annahmen subjektiver Natur sind. Allerdings kann das Objektive vernachlässigt werden, denn hierbei stellt sich ebenso wie bei Vorhaltungen und Annahmen die Frage, was für Menschen überhaupt die Realität ist.

Für Menschen spielt es keine Rolle, wie eine Situation in Wirklichkeit ist. Entscheidend ist nur, wie sie individuell wahrgenommen wird. Jede Person kennt Freude und Leid, Sorgen und Nöte. Denken wir einfach an Arbeitslosigkeit:

Deutschlands registrierte Arbeitslosigkeit ist von 9,6 Prozent im Jahr 2000 auf 6,8 Prozent im Jahr 2012 gefallen (vgl. Bauer/Gartner 2014: 1). Sofern man selber zu den arbeitslosen 6,8 Prozent gehört, interessiert einen nicht, ob in Deutschland Vollbeschäftigung vorherrschend ist. Dasselbe gilt, wenn Arbeitgeber bundesweit händeringend nach Arbeitnehmer suchen. Sofern man selber nicht die von benötigte Qualifikation besitzt, die Arbeitsstelle zu weit weg von zuhause oder aus andereen Gründen nicht geeignet ist[29], interessiert es einen ebenfalls wenig, ob und wieviele Stellen bundesweit ausgeschrieben sind. Man nimmt die eigene Lebenssituation dar, da diese die direkt wahrgenommene Wirklichkeit ist. Und nur wenn es vielen Menschen so wie einem selbst ergeht, entsteht ausreichend Handlungsanreiz, damit sich die Politik der Thematik annehmen wird. Denn auch Politiker sind Menschen und sehen zuerst die eigenen Bedürfnisse, die erfüllt sein müssen, bevor man zur Erfüllung fremder Wünsche übergehen kann.

Man kann daher sagen, dass Menschen nicht in der Realität sondern in ihrer subjektiven Wahrnehmung der Realität leben. Alle individuell sub-

---

29 Vgl. ebd.

jektiven Realitätswahrnehmungen zusammenenommen ergeben den Mittelwert (Median), der allgemein als „die Realität" anerkannt wird. Dieses Phänomen wird **Thomas-Theorem** genannt.

Das Thomas-Theorem besagt, dass menschliches Handeln sich nicht an realen Umständen von Dingen, sondern ausschließlich an der subjektiven Wahrnehmung der Menschen davon orientiert (vgl. Kroneberg 2011: 62). Nehmen wir zur besseren Veranschaulichung ein geschichtliches Beispiel...

Mohammed Farrah Aidid vs. Jonathan Howe

General Mohammed Farrah Aidid war in den 1990er Jahren Anführer der SNA-Miliz, die während des somalischen Bürgerkrieges weite Teile von Somalias Hauptstadt Mogadischu kontrollierte (vgl. Stewart o.J.: 10).

Die Vereinten Nationen waren damals unter amerikanischer Führung mit einem internationalen Truppenkontingent (UNITAF) in Somalia aktiv, um das von einer Hungersnot heimgesuchte Land zu stabilisieren[30], was

30 Laut Robert Stewart entstand die Hungersnot nach dem Zusammenbruch von Siad Barres Diktatur im Januar 1991, als zwischen konkurrierenden Clan-Warlords der Kampf um Macht und Ressourcen begann (vgl. Stewart o.J.: 6). *„The situation led to a struggle over food supplies with each clan raiding the storehouses and depots of the others. Coupled with a drought, these actions brought famine to hundreds of thousands of the nation's poor"* (ebd.).

einigermaßen erfolgreich gelang (vgl. ebd. 8). Das an UNITAF anschließende Nachfolgeprojekt UNOSOM II folgte einer anderen Zielsetzung: Während die UNITAF-Truppen als neutrale Instanz zwischen den verfeindeten Clan-Milizen standen und Frieden auf Grundlage von Neutralität zu bewahren versuchten, wollte UNOSOM II die Milizen notfalls gewaltsam entwaffnen und dadurch Frieden zu erzwingen[31], was zu Konflikten zwischen den Milizen und der UN-Mission führte (vgl. Sangvic 1998: 6f.).

Aufgrund einheimischer Informanten innerhalb des UNOSOM II-Hauptquartiers wusste Aidid, dass sich die neue Projektführung mit Plänen beschäftigte, wie man dessen Propaganda-Radiostation[32] ausschalten könne (vgl. Sangvic 1998: 7).

Als am 05. Juni 1993 pakistanische UN-Soldaten den Radiosender zu einer kurzfristig anberaumten Waffeninspektion aufsuchten, dürfte Aidid geglaubt haben, dass die offiziell genehmigte Kontrolle als Vorwand genutzt werden sollte, um in Wirklichkeit nur seinen Radiosender auszuschalten. Daher stellte seine Miliz den pakistanischen Truppen eine Fal-

---

31 Vgl. Stewart o.J. 14f.
32 Im Rahmen des sich zuspitzenden Konfliktes zwischen der UN und den Warlords, rief Aidid über seinen Sender „Radio Mogadishu" die Somalis dazu auf, sich gegen die neuen Kolonialherren der UN zu wehren, was als Propaganda bezeichnet werden (vgl. Sangvic 1998: 7). Allerdings hatte die US Army zuvor Teile ihrer auf Psychologische Kriegsführung und Propaganda spezialistierte 4th Psychological Operations Group aus Fort Bragg nach Somalia verlegt, die vor Ort nicht nur einen eigenen Radiosender, sondern auch eine Tageszeitung namens Rajo („Die Wahrheit") zu Propagandazwecken betrieben (vgl. Stewart (o.J.: 13). Beachte daher Abschnitt 1 dieses Buches.

le, wobei 24 UN-Soldaten starben und 61 verletzt wurden (vgl. Sangvic
1998: 7). Aidids Wahrnehmung der Realität hat in diesem Fall nicht mit
der Realität übereingestimmt[33], trotzdem reagierte er darauf, sodass
seine Fehleinschätzung erst die reale Konsequenz nach sich zog, dass
der Radiosender wirklich zerstört wurde (vgl. Stockwell 1995: Absatz
137).

Für die Menschen müssen demnach Dinge richtig, wichtig oder wahr erscheinen und nicht richtig, wichtig oder wahr sein, damit in der Politik
gehandelt wird.

Aidids Fehleinschätzung hatte zur Folge, dass zwischen ihm und dem
UNOSOM II-Leiter Jonathan Howe eine Privatfehde[34] begann, wobei
die Koalitionstruppen sowohl Aidid selbst[35] als auch die Stärke seiner
Miliz[36] unterschätzten (vgl. Sangvic 1998: 8-11). Ergebnis davon war

33 Wobei laut Clifford Day Aidids Einschätzung richtig gewesen sein soll und
   die Pakistaner damals wirklich den Auftrag hatten, den Piratensender
   lahmzulegen (vgl. Day 1997: 4). Das erinnert an Yagyū Munenoris
   Aussage, dass verborgene Existenz zur Nicht-Existenz wird und enthüllte
   Nicht-Existenz Existenz wird (vgl. Munenori 1993: 204). Um aber
   beurteilen zu können, ob nun die von Sangvic und Stewart oder die von
   Aidid und Day vertretenen Einschätzungen richtig sind, fehlt mir
   augenblicklich noch die notwendige Fähigkeit, sodass ich an dieser Stelle
   nur Fragen anbieten kann, wo andere Antworten parat haben (vgl. Schröder
   1986: 5).
34 Die UN-Angriffe sollten die SNA eigentlich an den Verhandlungstisch
   zwingen, aber Admiral Howe „*rejected the idea of any resolution in
   Somalia including a criminal like Aideed*", wodurch der Konflikt unnötig
   eskalierte (vgl. Sangvic 1998: 10).
35 Mohammed Farrah Aidid wurde sowohl an italienischen als auch
   sowjetischen Militärakademien ausgebildet und galt als Experte für Urban
   Guerrilla Warfare (vgl. Day 1997: 27).
36 Aidids SNA-Miliz verfügte in Mogadishu über mehrere tausend Kämpfer,

eine von allen Konfliktparteien ungewollte Eskalationsspirale[37], die in der Schlacht von Mogadischu am 03. und 04. Oktober 1993 ihren tragischen Höhepunkt fand (vgl. ebd. 13-18). 19 amerikanische Elitesoldaten starben, 91 wurden teils schwerst verletzt[38] (vgl. Stewart o.J. 23). Die SNA hatte ca. 300 Tote und 1.000 Verletzte[39] zu beklagen

Sowohl Amerikas Politiker und Öffentlichkeit als auch General Aidid erschüttert von den Ereignissen und beide Kriegsparteien wollten keine weiteren Kämpfe mehr führen (vgl. ebd. 21-23).

Panzerabwehrraketen, Leichte Artillerie und einige Panzer. Seine Truppen galten als die disziplinierteste aller somalischer Milizeinheiten (vgl. Day 1997: 3f.).

37 Am 12. Juli 1993 ließ Admiral Howe einen Raketenangriff auf das SNA-Hauptquartier durchführen, um die radikalsten Clan-Milizführer auszuschalten, was zur Folge hatte, dass sich sowohl die Moderaten als auch bis dahin verhandlungsbereite intellektuelle Führungspersonen geschlossen hinter Aidid stellten (vgl. Sangvic 1998: 11).

38 Schuld an den hohen amerikanischen Verlusten hatte unter anderem die amerikanische Vermessenheit, zum dritten Mal in Folge mit derselben Taktik anzugreifen (vgl. Day 1997: 27). Der Verzicht auf Rückenpanzerung zur Gewichtsersparnis sorgte für die hohe Anzahl amerikanischer Schwerverletzter: Die Vorderpanzerung konnte von Kaliber 7,62mm-Gewehrmunition nicht durchdrungen werden. Allerdings konnten daher logischerweise von hinten einschlagende Kugeln die Panzerung vorne ebenfalls nicht durchschlagen, sodass sie abprallten und weitere Verletzungen verursachten (vgl. ebd. 32).

39 Roger Sangvic gibt die Verletztenzahl auf somalischer Seite mit mehr als 1.000 an. Sofern man vom amerikanischen Toten-Verwundetenverhältnis von 1:5 als Referenzwert ausgeht, dürfte die SNA „nur" 200 bis 250 Tote zu beklagen gehabt haben. Da aber die somalische Verwundetenversorgung wohl kaum dem amerikanischen Armeestandard von 1993, sondern eher dem von General Santa Annas mexikanischen Truppen bei der Schlacht von Alamo 1836 entsprach, bei dem ¼ aller toter Mexikaner durch fehlende Medizinversorgung verursacht wurden, erscheinen 300 tote SNA-Milizionäre als realistischer Wert (vgl. Matyszczyk 2007: 16f.).

Warum restlos alle beteiligten Volksführer[40] geschockt waren ist logisch, wenn man sich überlegt, in welchem Verhältnis Führer und Volk zueinander stehen...

Volk und Führer mithilfe von Schafen und Hirten erklärt

Das Volk heißt „das Volk", weil es einer Führung folgt, zum Schaffen von Ordnung und Sicherheit deren Anweisungen befolgt und Abweichler verfolgt, die der von ihrer Führung erlassenen Ordnung nicht Folge leisten. Da Abweichler gerne als „schwarze Schafe" bezeichnet werden, muss demnach das Volk eine Herde weißer Schafe und die Führung ihr guter Hirte sein.

Hirten wie Führer haben einiges gemeinsam: Sie passen auf ihre Schäfchen weniger aus Tierliebe und mehr aus reiner Notwendigkeit auf, da ein Führer ohne Gefolge genauso viel wert wie der Hirte ohne Schafe ist: Nichts, denn Schafe wie Gefolge sind beider einziges Kapital.

---

40 Mohammed Farrah Aidid wurde als Warlord bezeichnet. Ein Warlord ist zwar laut Antonio Giustozzi ein militärischer Führer ohne politische Legitimität, er verfügt aber aufgrund seiner charismatischen Art über die Fähigkeit, politische Gewalt in seinem Herrschaftsbereich auszuüben (vgl. Kühn 2012: 41). Da der Warlord direkt dafür verantwortlich ist, dass die Interessen seine Gefolgsleute gewahrt werden, ist er nicht nur stärker als liberaldemokratische Politiker sondern im Gegensatz zu diesen auch ständig dem politischen Wettbewerb unterworfen. Erfüllt er die Erwartungen seiner „Wählergruppe" nicht, wird er (nicht selten im wortwörtlichen Sinn) „abgesägt".

Sie beschützen ihre Herde vor Wölfen und anderen Gefahren da draußen und sperren sie nachts ins Gehege ein, damit kein vom Hirte unautorisierter Täter zu den Schafen hinein in den sicheren Raum eindringen, und kein vom Hirte autorisiertes Opfer von den Schafen in den freien Raum hinaus (ent-) kommt. Denn die Schafe erfüllen den Zweck, ausschließlich von ihrem Hirten gemolken, geschoren, geschlachtet und gebraten zu werden.

Da Menschen aber trotz Schaf-Sein über einen freien Willen verfügen, müssen diese dazu getrieben werden, sich freiwillig hinter einem Führer zu versammeln. Und was ist hierfür die wirkungsvollste Methode?

Die politische Notwendigkeit, im Volk gleichzeitig Furcht zu schüren und Panik verhindern zu müssen

John Boswell schreibt im „US Army Survival Handbuch", dass Furcht das natürliche Ansteigen des Adrenalinspiegels ist, *„das bei allen Säugetieren vorkommt und als Verteidigungsmechanismus gegen Feindseligkeit oder Unbekanntes fungiert"* (vgl. Powell 2006: 11).

Furcht kann daher als Instrument zur Gruppenbildung verwendet werden, indem man Feindseligkeit gegen das Unbekannte schürt. Das gelingt, indem der Führer sich selbst zum mutigen Helden kürt oder durch andere dazu gekürt wird. Die Gruppe des Führers wird gemeinhin als

„Partei" bezeichnet, weshalb Parteien nicht nur Kernmerkmale repräsentativer Demokratien sondern eines jeden geordneten Machtgefüges sind.

Die Partei als Marke

Parteien geben den Machtansprüchen ihrer Kandidaten ein Markenzeichen[41], wobei eine Marke ein Leistungsversprechen ist, unabhängig von Ort und Zeit ein vergleichbares Produkt abzuliefern (vgl. Plötner 2012: 75). Sofern die Marke aber ein Leistungsversprechen ist, könnte auch die betriebswirtschaftliche Maxime gelten, dass je besser der Kunde die Qualität eines Produktes einschätzen kann, weil er seinen Eigenbedarf kennt sowie Funktion und Produktbeschaffenheit versteht, desto unwichtiger die Marke für diesen (und damit den Verkaufserfolg der Partei) wird (vgl. ebd.). So gesehen könnte man vermuten, dass Parteien, deren Zielgruppe akademisch gebildete Wähler sind, weniger Wählervertrauen im Sinne von „Parteitreue" genießen und deren Wahlerfolg stärker davon abhängt, dass die gemachten Leistungsversprechen realistisch und umsetzbar sind.

Andererseits werden diese Parteien aber auch weniger von Wählerwanderung betroffen sein, da deren Herrschaft weniger auf der Grundlage von Wählervertrauen basiert, wobei Vertrauen auf der Grundlage von Unwissenheit existiert (vgl. Borries/Brandies 1983: 19). In diesem Sinne schreibt auch Florian Kühn in Bezug auf Warlords, dass diese nicht notwendigerweise aus Gier oder Motiven persönlicher Bereicherung Beutezüge machen, sondern damit die Gefolgschaft versorgt und der Führer

41 Vgl. Detterbeck 2011: 11

nicht von diesen durch einen anderen ersetzt wird (vgl. Kühn 2012: 419).

Unter der Markenzeichenfunktion versteht man die elektorale Komponente der Parteien (vgl. Detterbeck 2011: 16).

Die Partei als Brennglas

Neben der Wahlfunktion erfüllen Pateien auch eine Repräsentationsfunktion, d.h. dass sie die Interessen ihrer Wähler in Bezug auf die politische Gestaltung vertritt (vgl. Detterbeck 2011: 11). Sie repräsentiert also die Interessen ihrer Zielgruppen und bindet mit jeder Wählerstimme ein Stückchen Gestaltungsmacht ähnlich einer dem Wirkungsprinzip einer konvexen Sammellinse, die einerseits Sonnenstrahlen auf einen Brennpunkt zentriert und andererseits die scheinbare Größe des Gegenstandes im Brennpunkt verändert[42].

Durch Bündelung der Sonnenstrahlen im Brennpunkt der Sammellinse kann Energie gewonnen werden, was in Bezug auf Parteien als Machtgewinn übersetzt werden kann. Andererseits erscheinen die Gegenstände im Brennpunkt in der Größe verändert. Sofern aber Parteien im Prinzip nur wie Sammellinsen funktionieren und den Machtansprüchen der Kandidaten in ihrem Brennpunkt ein Markenzeichen geben, kann man wiederum darauf schließen, dass nicht die Parteien sondern die politischen Führer im Zentrum der Parteien an Macht gewinnen, indem sie ei-

42 Auch diesbezüglich verweise ich auf Antonio Giustozzis Warlord-Theorie (vgl. Kühn 2012: 41).

nerseits die Energie jeder Wählerstimme wie den Sonnenstrahl auf der Photovoltaikzelle auf sich fokussieren und gleichzeitig durch die Betrachtung durch die Parteilupe in ihrer Größe verändert erscheinen.

Die Wahrnehmung des Partei-Führers

Die Größenveränderung wird durch die virtuelle Abbildung des Gegenstandes bewirkt, wenn der Gegenstand innerhalb der Brennweite der Sammellinse steht. Dabei wird bei einer Lupe das Bild immer größer als der Gegenstand sein, wobei der Abbildungsmaßstab linear mit dem Bildabstand zunimmt (vgl. Hecht 1987: 67-69). Daraus kann man ableiten, dass – je höher ein Parteiakteur in der Parteihierarchie steht -, desto größer er von seiner Wählergruppe wahrgenommen werden muss. **Politische Akteursmacht funktioniert so gesehen aufgrund optischer Täuschung**.

Allerdings nimmt im Gegensatz zum Abbildungsmaßstab die Sehwinkelvergrößerung mit zunehmender Bildentfernung ab (vgl. Hecht 1987: 67-69). Man nimmt also den politischen Akteur nicht mehr als Menschen sondern nur noch in seiner Rolle des Helden wahr, wobei sich der Held dadurch auszeichnet, dass er an der Spitze seiner Wählergruppe agiert und auf beispielhafte Art und Weise deren kollektiven Sehnsüchte auf sich vereinigt (vgl. Lukenda 2014: 95). Durch die Heldenrolle wird gleichzeitig ein Archetyp heldenhafter Lebens- und Todesauffassung erschaffen, der *jenseits von individualpsychologischer Ambivalenz und defizitärer Wirklichkeit'* im Auge des Wählers funktioniert (vgl. ebd. 96). Das Heldenrollenspiel des Politikers wird zusätzlich noch durch den **Doktor Fox-Effekt** bedingt, der die Außenwahrnehmung nochmals verstärkt und die Bildentfernung zum Wähler weiter vergrößert.

Der Doktor Fox-Effekt besagt, dass ein Mensch, der charismatisches Auftreten, gepflegte Erscheinung und ausreichend Redegewandtheit besitzt, über Themen referieren kann, über die er weder etwas weiß noch etwas sagen kann und selbst Fachleute über die eigene Inhaltsleere hinwegtäuscht, solange er den Eindruck vermittelt, kompetenter als sein Publikum zu sein (vgl. Naftulin et al. 1973: 630).

Will der Politiker also von seiner Gefolgschaft als Held wahrgenommen werden, braucht er drei Dinge: Erstens die Hierarchie einer Organisation, die ihn aus der Perspektive des einfachen Parteimitglieds größer erscheinen lässt als er ist. Zweitens ein Medium, wodurch er weiterhin einseitig mit dem einfachen Mann kommunizieren kann. Drittens braucht jeder Held entweder einen Schurken oder ein Monster, gegen das er sein Gefolge ins Feld führen kann.

Das Problem des Partei-Führers

Da die Macht des Führers aber aufgrund optischer Täuschung funktioniert und dieser in der Regel genauso wenig ein Held wie jeder normale Mensch ist[43], tut dieser im Selbstinteresse gut daran, diejenigen als

---

43 Er also nichtsdestotrotz weiterhin zum Kacken aufs Klo gehen muss.

feindliche Bedrohung zu inszenieren, die in Wirklichkeit weder feindselig noch eine Bedrohung sind, da er ansonsten vor der kaum zu bewältigenden Aufgabe steht, seiner Gefolgschaft beweisen zu müssen, dass er wirklich ein Held und kein Blender ist. Sofern nämlich der Furcht schürende Führer am Feind zu scheitern droht, wird Panik im Volk aufkommen, wobei der Führer als Erster die Unruhe und die daraus erwachsende Wut des Volkes zu spüren kriegt.

Genau so geschah es in Somalia, nachdem Diktator Siad Barre einen von ihm forcierten Krieg mit Somalias Nachbarland Äthiopien nicht gewinnen konnte und letzten Endes nach 22 Jahren Herrschaft Hals über Kopf aus dem Land fliehen musste (vgl. Stewart o.J. 6).

Daraus lässt sich auch darauf schließen, dass Politiker, die zu lange im Zentrum der Machtkonzentration stehen und mithilfe des Doktor Fox-Effekt zusätzliche Größe gewinnen, irgendwann aus Verblendung vergessen, dass sie weder Helden noch Übermenschen sind. Sie verlieren den Kontakt zu ihrer eigenen Ambivalenz und defizitären Wirklichkeit, weshalb jede Erinnerung zurück an die Lebenswirklichkeit diesen irgendwann wie Götterkritik erscheint. Siad Barre sah sich dazu gezwungen, zu immer brutaleren Mitteln gegen das eigene Volk zu greifen, um sich weiter an der Macht zu halten (vgl. Stewart o.J. 6). Denn Macht wird irgendwann zum Selbstzweck, und verlieren solche Personen dann ihre Macht, fallen sie ins Bodenlose - manchmal im wortwörtlichen Sinne wie ein Jürgen Möllemann.

Man kann daher sagen, dass Politiker sich in der Regel nur dann wahre Bedrohungen als Gegner aussuchen, wenn sie zu lange an der Macht stehen und daher von ihrer defizitären Wirklichkeit zeitlich zu weit entfernt sind. Denn auch ein Hirte beschützt seine Schäfchen nicht deshalb, weil er eine vertiefte Liebe zu den Tieren oder ein persönliches Problem mit dem bösen Wolf hat, sondern weil die Schafe sein Eigentum sind und keiner außer ihm kostenlos von den „Mühen seiner Arbeit" profitieren darf.

Der Schutzmechanismus der Partei

Um das zu verhindern bestehen Parteien nicht nur aus einer elektoralen, sondern auch aus einer programmatischen und organisatorischen Komponente, die hier entgegenwirken.

Laut organisatorischer Komponente sind Parteien *„auf Dauer angelegte, formale Organisationen, deren interne Prozesse durch relativ beständige, wenn auch veränderbare Strukturen gelenkt werden"* (Detterbeck 2011: 16). Dies kann in Bezug auf den Vergleich mit der Sammellinse so verstanden werden, dass Parteien der Gefahr von Führerbezogenen Allmachtsfantasien dadurch entgegenwirken, dass sie den Brennpunkt der Lupe von einem politischen Akteur weg und auf andere Akteure hinlenken können, damit das Machtstreben nicht zum Selbstzweck eines Einzelnen wird, sondern auch den programmatischen Zielen der politischen Gestaltung und zur Durchsetzung inhaltlicher Forderungen dient (vgl.

Detterbeck 2011: 17). So gesehen dienen Parteiprogrammatik und Parteiorganisation gleichermaßen dem Zweck, *„sowohl nach innen wie nach außen zu wirken"* (vgl. ebd. 16).

Die Partei und der charismatische Partei-Führer

Fasst man die bisherigen Erkenntnisse zusammen, kommt man zum Ergebnis, dass Parteien die Funktion von Markenproduzenten und politische Zentralakteure die Funktion des Verkäufers erfüllen, die gewissermaßen selber Teil der Marke sind, sodass man entweder das programmatische Produkt oder den charismatischen Verkäufer den Wählern vermarkten kann.

Vermarktet man verstärkt den Verkäufer, so ist das vermarktete Leistungsversprechen verstärkt die **Illusion der Heldenrolle**, die der Verkäufer in der Außenwahrnehmung spielt. In diesem Fall kann Programmatik nur eine untergeordnete Rolle spielen, da die Partei ihren Linsenbrennpunkt nicht dem Markenzeichen entziehen kann, ohne selber größeren Schaden zu erleiden. Die Partei wird daher abhängig vom Gusto des personifizierten Markenzeichen; entscheidet sich dieses entgegen parteilicher Programmatik zu handeln, wird die Partei zum Zwecke des Machterhalts diesem Folge zu leisten versuchen.Tritt das Markenzeichen dann irgendwann – egal ob freiwillig durch Rücktritt oder unfreiwillig durch Brennpunktverlagerung durch die Macht der Medien oder seiner eigenen Partei –, von der Bühne ab, so ist die Partei mit dem desillusionierten Wähler konfrontiert. Und dieser ist weniger in Bezug auf den verantwortlichen Partei-Führer und mehr in Bezug auf die Programmatik der von ihm gewählten Partei desillusioniert, die nach Abtritt des Markenzeichens als beschädigte Marke zurückbleibt.

Fazit

Fasst man all das gedanklich zusammen, kommt man unweigerlich zum Ergebnis, dass auch der Terrorismus keine ernsthafte Bedrohung für unsere Gesellschaft sein kein.

Würde Terrorismus wirklich eine ernsthafte Bedrohung darstellen, würde sich kein Politiker, der einigermaßen bei klarem Verstand und am eigenem Machterhalt interessiert ist, sich dazu bereit erklären, für dieses Thema verantwortlich zu sein.

Stattdessen soll die Terroristenhatz die Stiefschwester von Furcht und Panik vom Volk fern halten. Dieses sind Einsamkeit und Langeweile (vgl. Powell 2006: 11). Denn

> *„anders als die letzten überfallen [diese] dich jedoch nicht plötzlich und mit aller Wildheit, sondern ruhig und unerwartet, meist nachdem alle grundlegenden [...] Aufgaben durchgeführt sind und nachdem für die Grundbedürfnisse [...] gesorgt ist. Einsamkeit und Langeweile können zu Depressionen führen und den Willen zum [Gehorchen] untergraben“* (ebd).

Das psychologische Gegenmittel gegen Einsamkeit und Langeweile stellt dasselbe wie das gegen Furcht und Panik dar, nämlich den Geist des Menschen immerzu beschäftigt halten (vgl. Powell 2006: 11).

Daher kann abschließend folgende Feststellung getroffen werden: Terrorismus kann keine Bedrohung für unsere Gesellschaft sein, denn wäre es eine Bedrohung, so würden die Politiker an der Macht hierfür nicht nur wegen, sondern gerade aufgrund des Thomas-Theorems keine politische Verantwortung dafür übernehmen.

Der Verantwortungübernahme kann hierbei am leichtesten entgangen werden, wenn man dem Volk echte Bedrohungen verschweigt. Werden demnach Bedrohungen von Regierungsmitgliedern noch medial aufgebauscht, ist das ein eindeutiges Zeichen dafür, dass hier keine echte Bedrohung vorliegt, sondern nur ein heldenhaftes Theaterspiel zur Volksbeschäftigung inszeniert worden ist.

Würden stattdessen zentrale Politakteure wirkliche Bedrohungen als Schurke und Monster in den Fokus der medialen Öffentlichkeit ziehen, würden deren Partei und Gefolgschaft kurzerhand die Reißleine ziehen und den Brennpunkt der Sammellinse weg von dieser Person und hin auf eine sich seiner Partei und der eigenen Machtinteressen bewussteren Person hin ziehen.

Da Führer antagonistischer Gruppen – egal ob sie hinterwäldlerische Warlords oder liberaldemokratische Politiker sind – nicht nur einander brauchen, sondern auch denselben Machtmechanismen unterworfen sind, kann keiner wirklich daran interessiert sein, sich mit dem Gegner ernsthaft zu battlen, solange sie nicht vorab mit absoluter Sicherheit als Gewinner darstehen. Denn wer ist laut Arno Gruen der Grundpfeiler einer jeden Regierung?

Die emotional Rechtskonservativen Konformisten![44]

18. Schlusswort

Was gibt es zum Abschluss zu sagen, das bislang nicht gesagt wurde? Meiner Meinung nach so unglaublich viel, dass mir dafür schlichtweg die Worte fehlen.

Mir ist bewusst, wie absolut unzureichend und unzulänglich das Dir hier präsentierte Wissen ist. Es stellt weder Fisch noch Fleisch, nichts halbes und nichts ganzes dar – jeder Wissenschaftler wird Dir das bestätigen. Allerdings sollte es das hier präsentierte Wissen ausreichend genug sein, um Dir eine Vorstellung von der Materie an sich zu geben. Ebenso solltest Du verstanden haben, wie wenig Politiker und Journalisten von Terrorismus verstehen. Sie wissen einen Bruchteil dessen, was Wissenschaftler davon verstehen, und jeder wahre Wissenschaftler wird Dir auf Nachfrage bestätigen, dass er selber eigentlich so gut wie gar nichts von

---

44 Vgl. hierzu Abschnitt 11; siehe auch Abschnitt 16

der Materie verstanden hat. Das ist aber nicht schlimm. Denn das Nicht-
wissen und Nichtverstehen ist der Antrieb, der wahre Wissenschaftler jeden Tag aufs Neue freudig aufstehen, nachdenken und forschen lässt...

Sofern ich mich für eine Information entscheiden müsste, die Dir auf jeden Fall im Bewusstsein bleiben soll, so möge es diese hier sein:
**Terrorismus ist immer das, was ein anderer unternimmt und nicht
man selber macht. Das eigene Handeln wird als prinzipiell legitim
wahrgenommen, sodass man am eigenen kriegerischen Verhalten
höchstens Ausschweifungen und Exzesse kritisiert** (vgl. hierzu Asad
2007: 16-17).

> *„Die Bauern sind sehr kindisch. Sie machen sich ewig Sor-
> gen über dies und das. Einmal klagen sie über Trockenheit,
> dann über zuviel Regen. Sie fürchten Hagel und Frost. Sie
> leben ständig in Angst. Immer gehen sie mit Sorgen schlafen
> und stehen mit Sorgen auf. Heute war es auch nicht anders.
> Sie haben Angst vor euch gehabt. Das ist alles!"* (Kurosawa
> 1954)

Bedenke das gut!

19. Literaturverzeichnis

Al-Azhari, Musharraf Hussein (2008): **The Tragedy of Karbala. The Prophet's Grandson's Struggle against an Oppressive Tyrant**. 1. Aufl. Nottingham: The Invitation Publications. Online verfügbar unter http://www.musharrafhussain.com/wp-content/uploads/2013/11/Tragedy-of-Karbala.pdf, zuletzt geprüft am 18.01.2016.

Ankhbaatar, Bor (2015): **Frühling überm Buchenwald. Eine Trilogie in vier Teilen**. Unter Mitarbeit von Walter Leonhardt. 1. Aufl. 4 Bände. Norderstedt: BoD.

Asad, Talal (2007): **On suicide bombing**. New York: Columbia University Press (Wellek Library lectures).

Bauer, Anja; Gartner, Hermann (2014): **Wie Arbeitslose und offene Stellen zusammenpassen. Mismatch-Arbeitslosigkeit**. Hg. v. Institut für Arbeitsmarkt- und Berufsforschung. Bundesagentur für Arbeit. Nürnberg (IAB-Kurzbericht, 5/2014).

Becker, Jörg (2016): **Medien im Krieg - Krieg in den Medien**. 1. Auflage. Wiesbaden: Springer VS. Online verfügbar unter http://search.ebscohost.com/login.aspx?direct=true&scope=site&db=nlebk&AN=1093184.

Bernauer, Thomas; Jahn, Detlef; Kuhn, Patrick; Walter, Stefanie (2009): **Einführung in die Politikwissenschaft**. 1. Aufl. Baden-Baden: Nomos-Verl.-Ges (Studienkurs Politikwissenschaft), S. 32-55. Online verfügbar unter http://www.socialnet.de/rezensionen/isbn.php?isbn=978-3-8329-3807-9.

Benmelech, Efraim; Berrebi, Claude (2007): **Human Capital and the Productivity of Suicide Bombers**. In: Journal of Economic Perspectives 21 (3), S. 223–238, zuletzt geprüft am 04.10.2015.

Bergen, Peter; Pandey, Swati: **The Madrassa Myth**. In: New York Times (14.06.2005). Online verfügbar unter http://www.nytimes.com/2005/06/14/opinion/the-madrassa-myth.html?_r=0,zuletzt geprüft am 04.10.2015.

Bernays, Edward (1928): **Propaganda**. 2. Aufl. New York: Horace Liverlight.

Bock, Andreas (2015): **Die unsichtbare Bedrohung. Kuba, die Ukraine und das Phänomen der Unaufmerksamkeitsblindheit**. In: *Zeitschrift für Außen- und Sicherheitspolitik* 8 (4), S. 505–550. DOI: 10.1007/s12399-015-0533-1.

Borries, Achim von; Brandies, Ingeborg: **Autorität und Herrschaft**. In: Jochen Schnück (Hg.): William Godwin. Über die politische Gerechtigkeit. 3. Aufl. Berlin: Libertad Verlag Berlin (anarchistische Texte, I).

Boswell, John (2006): **US-Army-Survival-Handbuch**. Der Survival-Klassiker. Spezialausg., 1. Aufl. Stuttgart: Pietsch (Pietsch spezial). Online verfügbar unter http://deposit.ddb.de/cgi-bin/dokserv? id=2808219&prov=M&dok_var=1&dok_ext=htm.

Brokmeier, Peter (2005): **Dantes philosophisches Projekt**. Institut für Praktische Philosophie Reflex e.V. Hannover, 2005. Online verfügbar unter http://www.brokmeier.org/media/files/Dantes-philosophisches-Projekt.pdf, zuletzt geprüft am 03.02.2016.

Ceylan, Rauf; Kiefer, Michael (2013): **Salafismus. Fundamentalistische Strömungen und Radikalisierungsprävention**. Wiesbaden: Springer VS (SpringerLink). Online verfügbar unter http://dx.doi.org/10.1007/978-3-658-00091-2.

Chaliand, Gérard; Blin, Arnaud (2007a): **Terrorism in time of war. From World War II to the wars of liberation**. In: Gérard Chaliand und Arnaud Blin (Hg.): The history of terrorism. From antiquity to al Qaeda. Berkeley, Cal.: Univ. of California Press.

Chaliand, Gérard; Blin, Arnaud (2007b): **Preface.** In: Gérard Chaliand und Arnaud Blin (Hg.): The history of terrorism. From antiquity to al Qaeda. Berkeley, Cal.: Univ. of California Press.

Chaliand, Gérard; Blin, Arnaud (2007c): **Introduction**. In: Gérard Chaliand und Arnaud Blin (Hg.): The history of terrorism. From antiquity to al Qaeda. Berkeley, Cal.: Univ. of California Press.

Chaliand, Gérard; Blin, Arnaud (2007d): **From 1968 to Radical Islam**. In: Gérard Chaliand und Arnaud Blin (Hg.): The history of terrorism. From antiquity to al Qaeda. Berkeley, Cal.: Univ. of California Press.

Chaliand, Gérard; Blin, Arnaud (2007e): **The „Golden Age" of Terrorism**. In: Gérard Chaliand und Arnaud Blin (Hg.): The history of terrorism. From antiquity to al Qaeda. Berkeley, Cal.: Univ. of California Press.

Coleman, Loren (2004): **The copycat effect. How the media and popular culture trigger the mayhem in tomorrow's headlines**. 1st Paraview Pocket Books trade pbk. ed. New York: Paraview Pocket Books.

Connelly, Thomas Lawrence (1960): **Did David Crockett Surrender at the**

Alamo? A Contemporary Letter. In: The Journal of Southern History 26, (3).

Conzen, Peter (2007): **Fanatismus**. In: Forum Psychoanalyse 23 (2). DOI: 10.1007/s00451-007-0310-4.

Dach, Hans von (1985): **Der totale Widerstand. Kleinkriegsanleitung für jedermann**. 2. Aufl. Düsseldorf: Dissberger.

Day, Clifford E. (1997): **Critical Analysis on the Defeat of Task Force Ranger**. Forschungsarbeit. Air Command and Staff College, Montgomery, Alabama.

Detterbeck, Klaus (2011): **Parteien und Parteiensystem**. 1. Aufl. Konstanz, Stuttgart: UVK-Verl.-Ges; UTB (UTB Politikwissenschaft, 3575). Online verfügbar unter http://www.utb-studi-e-book.de/9783838535753.

Diez, Carl August (1838): **Der Selbstmord, seine Ursachen und Arten vom Standpunkte der Psychologie und Erfahrung dargestellt**. Tübingen: H. Lauppsche Buchhandlung.

Department of Justice (Juli 2008): **Policing Terrorism: An Executive's Guide**. Washington, Center for Problem-Oriented Policing. Online verfügbar unter http://www.popcenter.org/library/reading/pdfs/policingterrorism.pdf.

Graitl, Lorenz (2012): *Sterben als Spektakel. Zur kommunikativen Dimension des politisch motivierten Suizids.* Freie Universität Berlin, 2011. Wiesbaden: Springer VS (Veröffentlichungen der Sektion Religionssoziologie der Deutschen Gesellschaft für Soziologie). ISBN: 978-3-531-19062-4.

Gruen, Arno (2004): **Der Kampf um die Demokratie. Der Extremismus, die Gewalt und der Terror**. Ungekürzte Ausg. Stuttgart, München: Klett-Cotta; Dt. Taschenbuch-Verl. (dtv, 34128).

Haydt, Claudia (2011): **Außer Kontrolle. Das Kommando Spezialkräfte in Afghanistan**. In: Johannes M. Becker (Hg.): Afghanistan. Ein Krieg in der Sackgasse. 2. Aufl. Münster: Lit (Schriftenreihe zur Konfliktforschung, 25).

Hecht, Eugene (1987): **Optik**. Hamburg: McGraw-Hill (Schaum's outline).

Holland, Martin (2015): **Snowden: Massenhafte Datensammlung sinnlos gegen Terror**. In: *Heise Online*, 22.01.2015. Online verfügbar unter http://www.heise.de/newsticker/meldung/Snowden-Massenhafte-Datensammlung-sinnlos-gegen-Terrror-2525837.html, zuletzt geprüft am 24.03.2016.

Hufelschulte, Josef; Lohse, Henning; Kuchenbecker, Tanja; Kutzim, Julian;

Moll, Maximo; Moritz, Hans-Jürgen; Spilcker, Axel (2016): **Die Angst ist ein Terrorist, die man nicht fassen kann**. In: *Focus*, 26.03.2016 (13/2006), S. 22–28.

Just, Manfred; Hradetzky, Albert: **Chemische Schulexperimente, Band 4: Organische Chemie.** Volk und Wissen, Berlin 1983.

Keller, Andrea (2009): **Die politischen Voraussetzungen der Entstehung der bellum iustum-Tradition bei Cicero und Augustinus**. In: Ines-Jacqueline Werkner und Antonius Liedhegener (Hg.): Gerechter Krieg - gerechter Frieden. Religionen und friedensethische Legitimationen in aktuellen militärischen Konflikten. 1. Aufl. Wiesbaden: VS Verlag für Sozialwissenschaften / GWV Fachverlage GmbH Wiesbaden (Politik und Religion)

Kühn, Florian P. (2012): **Was macht der Warlord? Zur politischen Einordnung eines notorischen Gewaltakteurs**. In: Wolfgang Braumandl-Dujardin und Walter Feichtinger (Hg.): Privatisierte Gewalt. Herausforderung in internationalen Friedensmissionen. Wien: Republik Österreich Bundesminister für Landesverteidigung und Sport (Schutz & Hilfe, 2012,3).

Kroneberg, Clemens (2011): **Die Definition der Situation in soziologischen Handlungstheorien**. In: CLEMENS KRONEBERG (Hg.): DIE ERKLÄRUNG SOZIALEN HANDELNS. Wiesbaden: VS Verlag für Sozialwissenschaften.

Kurosawa, Akira (1954): **Die sieben Samurai**. Originaltitel: Shichinin no samurai. Mit Takashi Shimura und Toshiro Mifune. KSM GmbH. Japan, 160 Minuten.

La Vey, Anton Szandor (1999): **Die satanische Bibel**. 1. Aufl. Berlin: Second Sight Books.

Lenhart, Uwe (2013): **Was darf die Polizei - und was nicht? Vorsicht, Kontrolle!** In: *Autobild*, 17.05.2013 (20). Online verfügbar unter http://www.lenhart-ra.de/wp-content/uploads/2013/05/Aubi13_20_066-067_R-Polizei.pdf, zuletzt geprüft am 28.03.2016.

Leonhardt, Walter (2016a): **Das sunnitische Selbstmordbomber-Paradoxon**. Greifswald. Online verfügbar unter www.walterleonhardt.de/?page_id=1097, zuletzt geprüft am 23.03.2016.

Leonhardt, Walter (2016b): **Vom heiligen Augustinus und dem Bullshit namens Gerechter Krieg**. Greifswald. Online verfügbar unter http://www.walterleonhardt.de/?page_id=1094, zuletzt geprüft am 17.03.2016.

Lukenda, Robert (2014): **Viva Garibaldi! – Heldentum und mediale Inszenierung am Übergang zur politischen Moderne**. In: helden. heroes. Héros (2.2).

Machida, Teruo (2012): **Die Essenz der Schwertkampftechniken von Miyamoto Musashi**. Eine interpretative Übersetzung seiner „Heiho Sanjugokajo". In: Bullet of Nippon Sport Science University 42 (1).

Matyszcyk, Stephanie (2007): **The Alamo as a Pyrrhic Victory: The Mexican Experience in the Battle of the Alamo**. In: *Lethbrigde Undergraduate Research Journal* 1 (2). Online verfügbar unter https://www.uleth.ca/dspace/bitstream/handle/10133/477/Matyszczyk.pdf?sequence=1, zuletzt geprüft am 23.03.2016.

Migaux, Philippe (2007): **The Roots of Islamic Radicalism**. In: Gérard Chaliand und Arnaud Blin (Hg.): The history of terrorism. From antiquity to al Qaeda. Berkeley, Cal.: Univ. of California Press.

Munenori, Yagyu (1993): **Das Buch der mit der Kriegskunst verwandten Tradition**. Unter Mitarbeit von Thomas Cleary, Chris Burton und Hans Christian Meiser. In: Thomas Cleary (Hg.): Musashi. Vom Sieg im Kampf. Das "Buch der 5 Ringe" und die Kriegskunst der Samurai interpretiert von Thomas Cleary. München: Wilhelm Heyne Verlag GmbH & Co. KG (Heyne esoterisches Wissen, 08/9930).

Naftulin, Donald H.; Ware, John E., JR.; Donnelly, Frank A. (1973): **The Doctor Fox Lecture: A Paradigm of Educational Seduction**. In: Journal of Medical Education 48 (July).

Na'imi, Shahid Raza; al-Azhari, Hafiz Ather (o.J.): **Imam Hussein […] and the tragedy of Karbala**. A chronological account of the martyrdom of Imam Hussain […] based on reliable sources. Hg. v. The Islamic Centre. The Leicester Center Mosque. Leicester. Online verfügbar unter http://www.islamiccentre.org/presentations/imamhussainandkarbala.pdf, zuletzt geprüft am 18.01.2016.

Neumann, Ursula (1998): **Das Märchen von der Bedeutung christlicher Wertevermittlung. Sind Christen doch die besseren Menschen?** In: MIZ - Materialien und Informationen zur Zeit (4).

Paret, Peter (2010): **Clausewitz' Vorlesungen über den Kleinen Krieg an der neuenKriegsschule in Berlin**, 1810-1812. In: Clausewitz-Gesellschaft e.V. (Hg.): Die Jahrbücher der Clausewitz-Gesellschaft e.V. Band 6 Jahrgang 10. Hamburg.

Petersen, Wolfgang (1993): **In the Line of Fire - Die zweite Chance**. Originaltitel: In the Line of Fire. Mit Eastwood, Clint, Malkovich, John. Columbia / Castle Rock Entertainment. USA, 128 Minuten.

Plötner, Olaf (2012): **Counter Strategies im globalen Wettbewerb**. Berlin, Heidelberg,: Springer Berlin Heidelberg. Online verfügbar unter http://dx.doi.org/10.1007/978-3-642-28138-9.

Polman, Dick (2013): **If Mandela was a 'terrorist', so it was Washington**. In: *Newsworks*, 10.12.2013. Online verfügbar unter http://www.newsworks.org/index.php/local/national-interest/62752-if-mandela-was-a-qterroristq-so-was-washington, zuletzt geprüft am 24.03.2016.

Roberto, Vito; Grechenig, Kristoffel (2011): **Rückschaufehler ("Hindsight Bias") bei Sorgfaltspflichtverletzungen**. In: *Zeitschrift für Schweizerisches Recht* 130 (1). Online verfügbar unter http://papers.ssrn.com/sol3/papers.cfm?abstract_id=2403468, zuletzt geprüft am 24.03.2016.

Richter, Bernhard (2006): **Irreguläre Kriegsführung am Beispiel des Libanonkrieges im Sommer 2006**. In: Armis et Litteris 18, S. 169–197.

Sangvic, Roger N. (1998): **Battle of Mogadishu: Anatomy of a Failure**. Monographie. United States Army Command and General Staff College, Fort Leavenworth. School of Advanced Military Studies.

Schirrmacher, Christine (2009): **Schiiten und Sunniten - Unterschiede islamischer "Konfessionen"**. Institut für Islamfragen der Evangelischen Allianz in Deutschland, Österreich, Schweiz. Bonn. Online verfügbar unter http://www.islaminstitut.de/uploads/media/Schiiten_b.pdf, zuletzt geprüft am 18.01.2016.

Schröder, Ralf (1986): Vom Autor. In: Tschingis Aitmatow (Hg.): Der Tag zieht den Jahrhundertweg. Unter Mitarbeit von Charlotte Kossuth. 1. Aufl. Leipzig: Philipp Reclam jun.

Speckmann, Thomas (2011): **Hafis und Baschar. Machthaber Syriens**. In: Zeit Online, 22.06.2011 (26), S. 1–3. Online verfügbar unter http://www.zeit.de/2011/26/Syrien-Hama, zuletzt geprüft am 03.02.2016.

Stewart, Richard W. (ohne Jahr): **The United States Army in Somalia, 1992-1994**. Washington. Online verfügbar unter http://www.history.army.mil/html/books/070/70-81-1/cmhPub_70-81-1.pdf, zuletzt geprüft am 31.03.2016.

Stockwell, David B. (1995): **Press Coverage in Somalia: A Case for Media Relations to be a Principle of Operations Other Than War**. Masterarbeit. United States Army Command and General Staff College, Fort Leavenworth. School of Advanced Military Studies

Sun, Wu; Clavell, James (Hg.) (2008): **Sun Tsu. Die Kunst des Krieges**. Hamburg: Nikol. Online verfügbar unter http://deposit.d-nb.de/cgi-bin/dokserv? id=3002328&prov=M&dok_var=1&dok_ext=htm.

Süselbeck, Jan (2010): **Bilder, die das Sehen verhindern**. In: Literaturkritik.de, 27.05.2010. Online verfügbar unter http://www.literaturkritik.de/public/rezension.php?rez_id=14398, Zuletzt geprüft am 03.02.2016.

Ternon, Yves (2007): **Russian Terrorism, 1878-1908**. In: Gérard Chaliand und Arnaud Blin (Hg.): The history of terrorism. From antiquity to al Qaeda. Berkeley, Cal.: Univ. of California Press.

Thewes, Frank (2016): **"Das Argument Datenschutz kann ich nicht mehr hören"**. In: *Focus*, 26.03.2016 (13/2006).

Van Crefeld, Martin (2004): **Über die Terrorismusbekämpfung**. 8. Berliner Kolleg. Institut für Staatspolitik. Berlin, 18.12.2004. Online verfügbar unterhttp://theopenunderground.de/@pdf/war/creveld.pdf, Zuletzt geprüft am 03.02.2016.

Van Crefeld, Martin (2006): **Grausamkeit oder Zurückhaltung. Wie reguläre Armen asymmetrische Kriege gewinnen können**. In: Internationale Politik (April).

Watt, W. Montgomery (1956): **Muhammad at Medina**. Unter Mitarbeit von Geoffrey Cumberlege. 1. Aufl. Karachi: Oxford University Press.

Watzlawick, Paul; Bavelas, Janet H.; Jackson, Don D. (2000): **Menschliche Kommunikation. Formen, Störungen, Paradoxien**. 10. Aufl. Bern: Huber.

Werkner, Ines-Jacqueline; Liedhegener, Antonius (2009): **Von der Lehre vom gerechten Krieg zum Konzept des gerechten Friedens? Einleitung**. In: Ines-Jacqueline Werkner und Antonius Liedhegener (Hg.): Gerechter Krieg - gerechter Frieden. Religionen und friedensethische Legitimationen in aktuellen militärischen Konflikten. 1. Aufl.Wiesbaden: VS Verlag für Sozialwissenschaften / GWV Fachverlage GmbH Wiesbaden (Politik und Religion).